Nómadas Ancorados e Outros Contos de Gestão

Nómadas Ancorados e Outros Contos de Gestão

2022

Nelson dos Santos António

ACTUAL

TÍTULO ORIGINAL:
Nómadas Ancorados e Outros Contos de Gestão

AUTOR
Nelson dos Santos António

CONJUNTURA ACTUAL EDITORA, uma chancela de Edições Almedina, S.A.
Avenida Emídio Navarro, 81, 3D -3000-151 Coimbra - Portugal

REVISÃO
Inês Castelhano

CAPA
Joana Carvalho

PAGINAÇÃO
João Jegundo

IMPRESSÃO E ACABAMENTO:
???
novembro 2022

DEPÓSITO LEGAL
???????

Biblioteca Nacional de Portugal - Catalogação na Publicação

ANTÓNIO, Nelson Santos

Nómadas ancorados e outros contos de gestão. – (Fora de coleção)
ISBN 978-989-694-706-4

CDU 005

Para o Teodósio e a Alberta
Sem esquecer o Romeu
Grandes companheiros

Na Maré Grande
Salpicos de ondas
Refrescam meus pés
Santochi Hashimoto, 2007

PREFÁCIO

A linguagem de gestão é omnipresente. Os mais obtusos conceitos de gestão são referenciados diariamente nos meios de comunicação e muitas vezes em inglês (o que reforça a sua importância). O cidadão comum desliga e continua na sua vida, mas há quem preste atenção e muitas vezes fique baralhado face à avalanche de conceitos numa só frase (e muitas vezes contraditórios).

Este livro é um produto de um projeto de investigação intitulado «Disseminação dos conceitos de gestão através de histórias tradicionais». Como se poderá verificar, o projeto utiliza, para além das histórias tradicionais, situações vividas pelo autor. O objetivo do projeto é explicar a linguagem de gestão a alunos de outras áreas, tomando como base histórias bem conhecidas. Pretendemos demonstrar que podemos encontrar os conceitos de gestão nas nossas atividades diárias, pois nas ciências sociais a teoria emana da observação do que se passa ao nosso redor.

Não se esqueça de que a gestão é uma ciência social, e não é com 20 sessões que nos transformamos num gabiru (perdão, guru) da gestão. Mas como diz o meu amigo Santochi Hashimoto «Vivemos as nossas vidas/Em covos/Que construímos».

Boa leitura.

Baía de Pera, agosto de 2022

NELSON DOS SANTOS ANTÓNIO

INTRODUÇÃO

«O mundo é como um corno, e só um corno o compreende.»
João dos Santos Roque, meu avô materno

Curiosamente, esta frase ouvida tantas vezes na minha meninice, em casa dos meus pais, está cada vez mais presente na minha vida diária. Imbuído de um instinto que contradizia o paradigma dominante, o meu avô alertava-me para o fim da linearidade do mundo. Segundo ele, as coisas que observava e analisava eram de difícil explicação e só uma pessoa torcida (como um corno) as poderia compreender. Para ele, o mundo não era mais linear, era torcido (era complexo, como hoje dizemos), e para percebermos a complexidade precisamos de ser complexos. A Humanidade sempre lidou mal com a incerteza, sempre quis prever o futuro e o paradigma linear (o futuro é uma mera continuidade do presente, logo, temos de entender bem o presente e a partir dele prever o futuro) é o dominante, mas ao longo dos tempos a humanidade foi-se apercebendo de que as previsões mais não eram do que balizas do futuro. Os avanços da inteligência artificial, que, ao tentar trazer o futuro para o presente, pretende acabar com a dicotomia presente/futuro e, em certa medida, fazer com que o futuro trazido para o presente aconteça, mais não são do que uma tentativa de manter o paradigma linear, mas a incerteza não nos abandona, e, caso isso acontecesse, deixava de haver espaço para a criatividade que os teóricos da gestão tanto apregoam.

Não é do meu avô que pretendo falar, mas a história de Libório teve um desfecho tão imprevisível, que não podia de deixar de me lembrar da sua máxima. O livro é sobre o meu amigo Libório e como ele se transformou num gabiru da gestão portuguesa. Desde há uns tempos que o meu amigo Libório não me dá sossego. Conheço-o há muito e admiro a sua trajetória de vida. Frequentou o liceu de Portimão na década de 60 do século passado, mas enquanto aluno dedicou mais tempo ao estudo dos livros por onde o pai (que, entretanto, falecera) estudara, quando aluno da Escola Comercial e Industrial de Silves, do que aos livros recomendados pelos seus professores. Libório afirmava possuir uma mente virada para as questões práticas e considerava os temas abordados nas aulas muito áridos e sobretudo teóricos. Apesar da incompatibilidade, Libório acabou o curso geral dos liceus, como então se designava.

Apesar da insistência da mãe, Libório recusou prosseguir os estudos e dedicou-se a pequenos trabalhos. Um belo dia telefonou-me a dizer que ia para Angola. Queria conhecer os sítios por onde o pai andara. Durante mais de uma década, deixei de ouvir falar no meu amigo Libório. Quando questionava a sua mãe sobre o paradeiro do filho, esta respondia-me que nada sabia sobre a sua vida, acrescentando: «De início, ainda me escreveu uma ou outra carta, mas depois sumiu-se. Perdeu-se, sabe Deus, por lá, no meio do mato».

Já no novo milénio, num fim de tarde ameno de junho, o telefone tocou e do outro lado da linha estava Libório a dizer que precisava muito de falar comigo. Marcámos encontro e, no dia e hora aprazados, lá estava Libório no café combinado. Sobre o seu passado o meu amigo não estava muito interessado em falar. Disse somente que fora para Angola na esperança de viver as emoções do pai (pois este falara muito sobre os dias que por lá passara) e perdeu-se. Agora queria sobretudo falar do futuro (cá está a preocupação com o futuro), pois considerava que Portugal mudara muito nos dez anos que estivera fora, e muitas das notícias dos jornais ele não compreendia. Pretendia descobrir um rumo para a sua vida e pensava que, caso dominasse alguma teoria da gestão, teria a tarefa facilitada. «A chave da compreensão do mundo atual está na descodificação do discurso dos homens da gestão», afirmava o meu amigo Libório de cinco em cinco minutos. Contou-me uma pequena história que o baralhara imenso. Segundo ele, um dia viera a Lisboa tratar de assuntos pendentes e quando caminhava na rua do Carmo um velho amigo, algarvio como ele (eu também sou), que há muitos anos não via, gritou pelo seu nome. «E tu sabes como falam os algarvios, comem as sílabas. Uns dizem que o fazem por preguiça, outros afirmam que o fazem para construir uma nova forma de falar português, para se distinguirem dos outros, o que lhes permite preparar a independência mesmo nas barbas do inimigo. De qualquer modo, em vez de Libório, o que as pessoas ouviram foi Libor, e todos queriam falar com a taxa, para saberem mais sobre a sua evolução. «Mas que taxa?», gritava eu, e não obtive resposta. «Não invista hoje, pois a taxa está muito nervosa», barafustou um deles. «Mas será que me confundiram com uma taxa ambulante?», questionava o meu amigo, continuando: «nesse dia, nem café tinha bebido».

Foi por este motivo que se realizaram as conversas semanais de que dou conta nas páginas que se seguem. Tal como prometi ao meu amigo, nada direi sobre a sua atividade atual, e mesmo que quisesse, não o poderia fazer, pois ele evaporou-se novamente. Isto é, não sabia dele até terem distribuído no Metro um panfleto que consta neste livro. Espero que as nossas conversas tenham alguma utilidade para os leitores, pois, para ele, tudo indica que foram de enorme utilidade.

1
Estratégia e estratégias

É corrente ouvirmos que uma determinada organização faliu porque não tinha estratégia. Sem indagar da veracidade de tal afirmação, assumimo-la como verdadeira e propagamo--la. Passadas poucas semanas, não pertence a ninguém e é tida como uma verdade insofismável.

Esta questão de uma organização ter ou não estratégia e da causalidade entre não ter estratégia e a falência sempre intrigou Libório. Curioso como é, quis aprofundar este tema. Estas foram algumas das questões que me colocou:

> «Mas será que a organização não tinha mesmo estratégia? Ou tinha uma má estratégia?»
>
> «Não será que a estratégia foi bem formulada e mal implementada?»

Quando falamos de estratégia, estamos a falar de um processo que, por facilidade de análise, decompomos em fases. Geralmente, definem-se três fases, a saber: formulação, implementação e controlo. É um processo que se alimenta de recolha constante de informação. A organização necessita de estar atenta ao que se passa no mundo, pois, de uma forma direta ou indireta, aquilo que nele acontece irá influenciar o seu desempenho. A organização precisa de identificar o tipo de informação que é pertinente para o seu desempenho, pois de outro modo sofreria de paralisia, isto é, agiria como o macaquinho coreano que se senta e, por sinais, transmite que nada vê, nada ouve e nada diz. A identificação e a qualidade da informação recolhida são primordiais para a formulação, implementação e controlo da estratégia, pois em todos os processos, caso se introduza lixo, sai lixo. Contudo, a organização não se deve concentrar de tal modo que tudo o que aparentemente nada tenha que ver com o seu negócio não seja tido em conta, pois, muitas vezes, aquilo que parece lateral torna-se essencial para a empresa. Em suma, a organização necessita de combinar a focagem com alguma dispersão em termos de recolha de informação. Essencialmente, tem de ter uma mente aberta e disposta a rever pressupostos que levaram à definição dos objetivos.

Outra questão a ter em conta é a seguinte: não podemos ver as diferentes fases de uma forma sequencial, mas sim de uma forma circular, isto é, as fases alimentam-se umas às outras. De referir, por exemplo, que o Balanced ScoreCard (BSC) apareceu para resolver questões relacionadas com a avaliação do desempenho das organizações e pretendia essencialmente responder a duas questões: uma relacionava-se com o facto de os ativos imateriais estarem a ganhar cada mais importância nas organizações e os mesmos não serem avaliados; a outra relacionava-se com o facto de a estratégia estar essencialmente relacionada com o futuro e utilizar na sua avaliação medidas relacionadas com o passado. Para responder à primeira questão, os proponentes do BSC avançaram com quatro perspetivas de avaliação da organização, a saber: financeira, clientes, aprendizagem e desenvolvimento e processos internos, recomendando para cada uma delas quatro a cinco objetivos. Para lidar com a segunda questão, propõem um acompanhamento mensal do desempenho dos diferentes objetivos. Um instrumento de gestão que de início estava essencialmente voltado para a fase de controlo do processo estratégico, pouco a pouco, estendeu-se às outras fases. No início dos anos 90 do século passado, o BSC era utilizado como um sistema de medição (indicadores de resultados e de tendência, indicadores financeiros e não financeiros, quatro perspetivas, e tinha como *slogan* «as medidas motivam»). Em meados da mesma década, o BSC começou a ser encarado como um sistema de gestão (ligação da estratégia à gestão de desempenho, comunicação estratégica atravessando toda a empresa, utilização de mapas estratégicos, e o *slogan* passou a ser «transformar a estratégia num plano de operações»). Em finais dos anos de 1990, o BSC começou a ser utilizado como um sistema de gestão estratégica (alinhar a organização com a estratégia, traduzir a estratégia em termos operacionais, pensar a estratégia como um processo contínuo, e o *slogan* modificou-se para «fazer da estratégia o trabalho de todos»).

A estratégia é essencialmente futuro e trata da relação da organização (como um todo) com a envolvente. De um modo grosseiro, podemos definir a envolvente como o espaço onde a empresa atua. Acontece que o espaço de atuação das empresas aumentou de uma forma gigantesca. Não só o desmantelamento das barreiras alfandegárias contribuiu para a grandiosidade do espaço como também as novas tecnologias de comunicação potencializaram o seu crescimento. Hoje, uma empresa que não encontre o conhecimento de que necessita no seu país procura-o noutra parte do mundo, onde ele existe, socorrendo-se das tecnologias de comunicação. As tecnologias de comunicação comprimiram o tempo e aumentaram o espaço. A compressão do tempo faz com que não tenhamos tempo para pensar as fases da estratégia de uma forma sequencial. Caso primeiro se formule, e entre esta fase e a fase de implementação medeiam alguns meses, o que pode acontecer é que a envolvente tenha mudado de tal modo que os objetivos traçados na fase da formulação tenham perdido a sua validade. Há que estar aberto à reformulação dos objetivos, questionando os pressupostos que os originaram.

Quando falamos de estratégias (no plural), estamos a referir a caminhos para atingir os objetivos. Muitas vezes confundimos estratégia com estratégias e na linguagem corrente referimos essencialmente a estratégias. Como diria o outro, estratégias há muitas. Há, por exemplo, a estratégia da pedra filosofal, que se resume na persistência em manter tudo na mesma (em equipa vencedora não se mexe). Só que o mundo não está parado e cada vez se movimenta a uma velocidade maior, e os fatores que nos conduziram ao sucesso num passado não muito distante podem não nos conduzir ao sucesso hoje. Uma anedota que se conta e que ilustra esta situação é a seguinte: um determinado emigrante português que vivia no Brasil fez uma fortuna colossal com uma fábrica de conceção e produção de fósforos. Os fósforos tinham duas cabeças: caso uma falhasse, a outra geralmente não falhava. Em poucos anos, o homem fez uma fortuna. Cansado de acumular tanto dinheiro, e porque queria ajudar a família, chamou o seu irmão mais novo para junto dele. Depois de o irmão ter chegado ao Brasil e se ter ambientado à fábrica, o nosso emigrante de sucesso propôs-lhe que ficasse com ela. O irmão começou por rejeitar e o outro, para o convencer, afirmou: «Preciso de descansar. Tenho dinheiro suficiente e ideias é coisa que não me falta, caso sinta vontade de me ocupar, logo se verá». Face à persistência do irmão, o português recém-chegado ao Brasil aceitou ficar com a fábrica. Passados dois anos, o irmão chateou-se de nada fazer e montou uma fábrica de alfinetes... com duas cabeças.

Embora no mundo atual seja difícil de prever, neste caso, com alguma facilidade, podemos afirmar que o nosso homem estava a atirar dinheiro para a rua. A anedota ilustra de um modo exagerado o que pretendemos afirmar: os fatores críticos de sucesso mudam ao longo do tempo e mudam essencialmente de organização para organização e de indústria para indústria. A análise dos fatores críticos de sucesso ajuda-nos a compreender melhor e mais rapidamente o que os outros fizeram e como fizeram, mas a sua cópia acéfala só nos prejudica – não apenas cada empresa é um caso único como também a envolvente muda a uma taxa elevada. Uma outra estratégia é, por exemplo, a do choco (sim, o molusco). O choco, quando atacado, defende-se lançando tinta. Esta serve para confundir os seus inimigos, pois não só têm dificuldade em isolá-lo como pensam que ele se afastou (o afastamento depende muito da dimensão do choco). Contudo, ele não está longe... anda por ali. As organizações adotam muitas vezes esta estratégia. Todas as grandes e médias organizações possuem o seu departamento de relações-públicas, que servem para monitorizar a relação destas com os órgãos de comunicação, e muitas das vezes o que fazem é mandar forrado (o nome dado à tinta do choco pelos pescadores), para baralhar os concorrentes. Por vezes, dizem-se não interessadas num determinado negócio, mas andam por ali. Como vivemos numa era de relações-públicas, até a polícia sente necessidade de explicar a manutenção da ordem, as mensagens anulam-se e as pessoas sentem que vivem debaixo de um manto de forrado. Outra estratégia muito conhecida é a estratégia de aranha. Tal como a aranha, muitas organizações estabelecem, entre si, redes muito fortes (estabelecendo relações de longo prazo com os fornecedores e os clientes, e nalguns casos estabelecendo mesmo parcerias com os concorrentes), que permitem resistir e anular possíveis ataques dos concorrentes, por exemplo, evitar *takeovers* hostis, e também ajudam, se necessário, a aniquilar os inimigos. Podíamos também falar da estratégia do polvo, mas, num momento em que tanto se fala no combate à corrupção, é melhor esperar pelos resultados.

Como anteriormente afirmei, estratégias há muitas. Geralmente, associamos uma estratégia a um objetivo. Ainda muito recentemente, na guerra do Líbano, os israelitas afirmavam que tinham a estratégia de alavanca para acabar com o Hezbollah. Em que consistia essa estratégia? Bombardear as cidades e vilas libanesas de modo que as populações se revoltassem contra o movimento xiita.

Como facilmente se deduz na linguagem diária, sempre que temos um objetivo a atingir, associamos-lhe uma estratégia para o alcançar. O mesmo acontece com as organizações. As estratégias mais conhecidas são as de Porter e Ansoff. Para Porter, existem três estratégias genéricas, a saber: liderança pelos custos, diferenciação e focalização. Durante muitos anos, os seguidores de Porter, um pouco desatentos ao que se passava no Japão, ou talvez partindo do pressuposto de que o Japão não tinha estratégia, passaram a mensagem que as estratégias de liderança pelos custos e de diferenciação eram mutuamente exclusivas, isto é, a organização ou seguia uma ou seguia outra, e caso tentasse seguir ambas em simultâneo, estava tramada. O que se verificou foi que os japoneses (os tais que, segundo alguns seguidores de Porter, não tinham estratégia) estavam a aplicar as duas em simultâneo e, desse modo, conseguiram conquistar mercados.

Segundo Ansoff, existem quatro estratégias, a saber: penetração de mercados (vender os mesmos produtos para os mesmos mercados), desenvolvimento de produtos (vender novos produtos nos mesmos mercados), desenvolvimento de mercados (vender os mesmos produtos em novos mercados) e diversificação (vender novos produtos em novos mercados). Ansoff chamava a atenção para o problema do risco associado à implementação destas estratégias, associando um risco maior à estratégia de diversificação.

Nos dias que correm, comenta-se muito a necessidade de as organizações possuírem estratégias de internacionalização, e a confusão começa logo na decisão sobre para onde ir. Uns defendem que as organizações deviam ir para a vizinha Espanha ou outros países da Europa, enquanto outros defendem a ida para os países de língua portuguesa. Seja para onde for, as estratégias de internacionalização encerram riscos acrescidos, pois as organizações começam a operar em ambientes desconhecidos, e muito embora os países de língua portuguesa possuam algumas características culturais próximas das nossas, têm também especificidades muito próprias que temos de investigar. Quando mandamos um gestor para trabalhar num país de cultura diferente da sua, temos de ter algum cuidado, pois é a imagem da própria organização que está em jogo. O gestor deve ter algum conhecimento da cultura do país para onde vai e sobretudo ter abertura e capacidade de integração de coisas novas. Os portugueses, por norma, sofrem da síndrome do caldo verde, isto é, sentem saudades da comida portuguesa e, na sua busca, acabam por se isolar da comunidade de acolhimento. Muitos veem a sua estada como temporária e pensam sempre em voltar à origem, empenhando-se pouco nas suas tarefas. A juntar a tudo isto, as organizações geralmente mandam para o estrangeiro jovens com pouco poder informal, o que dificulta a sua autonomia na tomada de decisões.

Muito mais há para dizer sobre este tema. Penso que seria estimulante uma recolha exaustiva das diferentes designações utilizadas no dia a dia, mas julgo que estas linhas são suficientes para a mensagem que pretendo passar, que é: quando falamos em estratégia, no singular, estamos a falar de um processo que se alimenta de muita informação; quando falamos de estratégias, no plural, estamos a falar de caminhos/alternativas para atingir determinados objetivos. As alternativas devem ser quantificadas, pois só assim podemos avaliar a execução.

Depois de escolhida a estratégia, esta origina um plano. Um plano mais não é que a quantificação e calendarização da estratégia escolhida. Se é certo que a palavra «plano» tem associada a si uma ideia de rigidez, isto é, o plano existe para se cumprir, também não é menos verdade que precisamos de a combater. O plano existe para dar flexibilidade e não rigidez à organização.

Esta questão da rigidez *versus* flexibilidade faz-me lembrar de um episódio de um programa de um canal francês a que assisti no ano de 2005. O programa tinha como função ajudar as pessoas a resolver um dos seus problemas. Num dos episódios, uma francesa tinha um grande problema e pretendia ajuda para o resolver. Esta senhora, quando casou, convenceu o marido de que a casa só seria bem gerida caso adotassem uma gestão caseira tipo empresarial (mais uma das verdades que se aceitam sem discussão, isto é, tudo necessita de ter uma gestão empresarial, olvidando que existem empresas bem e mal geridas), impondo uma série de regras. Por exemplo, todas as noites, ela produzia um plano detalhado de todas as tarefas a executar por ela e pelo marido com prazos de execução. Como de um modo geral as tarefas não eram cumpridas dentro do planeado, ela perdia o controlo e partia tudo o que existia em casa. A senhora não aceitava imprevistos e culpava o marido de tudo (o seu *locus* de controlo era externo).

O plano deve ser entendido como uma fonte de flexibilidade, pois obriga-me a pensar hoje sobre o futuro, e quanto mais eu pensar sobre o futuro, mais preparado estarei para o receber, independentemente do futuro que acontecer.

2
O velho, o rapaz e o burro e a gestão das organizações

Outra das muitas questões que atormenta Libório é a da constância da estratégia. «Mas se todos concordam que a envolvente muda, porque não mudamos constantemente a estratégia das organizações?», não se cansava de questionar. Exemplifiquei a resposta a esta questão com a fábula de La Fontaine do velho, do rapaz e do burro.

Desde sempre que o grande dilema das organizações tem sido o de encontrar o equilíbrio frágil entre uma adaptação necessária às pressões do meio envolvente e a manutenção da coesão e eficácia do seu sistema enquanto combinação de partes interdependentes, reunidas para a obtenção de um determinado propósito. As organizações são formadas por pessoas e são, por isso, sistemas vivos sujeitos ao ciclo da vida e às suas diferentes fases. São também sistemas abertos porque, se o não fossem, receberiam apenas estímulos em círculo fechado, padeciam de hipertrofia e a morte seria anunciada. Nada disto, porém, nem as fases da vida nem os estímulos externos, deve impedir a realização do propósito que é a razão de ser das organizações.

É aqui que entra a conhecida fábula «O velho, o rapaz e o burro», que começa por nos contar que «partira um velho campónio/do seu monte ao povoado/ levava um neto que tinha/no seu burrinho montado». O campónio possuía um sistema (o burrinho) ao qual, muito naturalmente, atribuíra o propósito de transporte de pessoas e bens de um lugar para outro. Aquela deslocação específica foi, por certo, preparada com alguma antecedência; ao levantar-se de manhã, o velho estudou os sinais do tempo, que concluiu ser quente e abafado, e decidiu utilizar o seu sistema de transporte para levar o neto «do seu monte ao povoado». Nunca lhe passou pela cabeça que as pessoas com quem se iria cruzar ao longo da viagem iriam questionar o propósito por ele atribuído ao burrinho e a finalidade da sua concretização. Perante a possibilidade de um dia quente e abafado, ele pretendia resguardar o neto (jovem = fraco) de uma possível doença.

O que lhe parecia simples revelou-se afinal complicado. Encontra uns homens que dizem «Olha aquele que tal é!/ montando o rapaz que é forte/e o velho trôpego a pé!». Perante a mesma situação, estes homens, exteriores à organização, tinham uma perceção diferente e procuram influenciá-la. Para o velho, o rapaz deveria ser protegido, para estes homens, a questão não era a idade, mas sim a constituição física (o rapaz talvez fosse um mocetão, mas aos olhos do seu avô não passava de um miúdo).

Definir o propósito de uma organização não é uma tarefa fácil. Muitas das vezes não distinguimos o propósito (para que serve uma organização) das restrições (o que uma organização tem de fazer para o concretizar). O propósito pode ser definido de uma forma muito detalhada, fornecendo, aparentemente, uma direção clara. Pode explicitar o produto ou a tecnologia, o tipo de posicionamento a ser alcançado e os valores que devem guiar o comportamento dos membros da organização. Contudo, uma definição demasiado pormenorizada obriga a restringir as suas ações e aumenta o perigo de a tornar irrealista, necessitando, muito em breve, de ser alterado. O propósito de uma organização não se reduz à simples satisfação dos seus principais *stakeholders* (fornecedores, clientes, acionistas, empregados, sociedade), já que a existência destes constitui antes uma restrição à sua atividade, isto é, as organizações necessitam de os satisfazer para que possam sobreviver. Neste contexto, a definição do propósito exige que se analise de uma forma profunda a organização e o meio que a envolve, devendo constituir a base para a elaboração de estratégias organizacionais.

Qualquer gestão deverá começar pela definição do propósito, que, ao longo das diferentes fases da vida, não pode ser esquecido nem mudado – sem o que as organizações se transformarão em meros cata-ventos. Esta fábula de La Fontaine, sendo um caso extremo, é um bom exemplo da síndrome de cata-vento que afeta a gestão de muitas organizações e as torna inoperantes e incapazes de satisfazer as expectativas que interna e externamente a sociedade nelas depositou. «Tapemos a boca ao mundo / o velho disse. / Rapaz desce do burro, que eu monto / e vem caminhando atrás.» Satisfazendo a última vontade, o velho monta-se, mas ouve dizer «Que patetice tão rata! / o tamanhão no burrinho / e o pobre pequeno à pata!».

De tentativa em tentativa, cedendo aqui e ali «para calar a boca ao mundo», os dois resolvem então levar o burro às costas. «Olhem dois loucos varridos! / ouvem com grande sussurro / fazendo o mundo às avessas / tornados burros do burro!». Por esta altura, o propósito do empreendimento já foi totalmente esquecido, tal como a necessidade de compreender as capacidades e as fraquezas de todos os elementos do sistema. Insatisfeitos e cansados, desconhece-se se os três terão chegado ao povoado.

A síndrome cata-vento não só constitui um obstáculo à realização do propósito das organizações, já que não é possível mobilizar pessoas através de projetos que ou não existem ou não servem qualquer propósito, como também impede, na ausência de um rumo definido, a normal formação e desenvolvimento dos recursos humanos, a fim de que estes adquiram competências específicas. E não é invulgar vermos esta fábula repetir-se quando as organizações insistem na frequente mudança de propósito ou na sua deficiente explicação, incapazes de mobilizar as pessoas através de projetos concretos e correndo, assim, o risco de se afundar.

3
A lebre e a tartaruga

Mudanças: um dos assuntos que mais intriga o amigo Libório. Segundo ele, sempre que há mudança de gestores das empresas, estes têm o cuidado de dar a entender que tudo o que os seus antecessores realizaram pouco ou nada interessa e que com eles vai começar uma nova era. Depois, recrutam duas ou mais empresas de consultadoria, elaborando cada uma delas dois ou mais estudos. Seguidamente, fazem saber, através dos relações-públicas, que estão em condições de elaborar uma estratégia que trará uma nova vida para a empresa e para o país (com P maiúsculo). A curiosidade adensa-se, a opinião pública não fala de outra coisa e eis que, num belo dia, a empresa muda de logótipo. Pensam que, mudando o logótipo (o brasão de antigamente), deixam a sua marca para todo o sempre. Trata-se, contudo, de uma marca bem pequena, aliás, como tudo o que acontece em Portugal, pois tudo em Portugal nasce, cresce e morre pequeno. O sucessor, como também aspira a ficar na história da organização, apressa-se a tomar medidas, no sentido de mudar o logo, e o sucessor deste sucessor irá proceder da mesmíssima forma. E todos ficam pasmados com a obra que realizaram. Poderiam deixar a sua impressão de outra forma, mudando a cultura organizacional, mas este tipo de mudança exige tempo, e tempo é coisa que os gestores portugueses afirmam não ter.

Algumas organizações comportam-se como a lebre da fábula de Esopo, exibindo a sua habilidade para dar grandes saltos e dedicando todos os recursos e energias a assuntos de importância reduzida. Outras organizações comportam-se mais como a tartaruga, movendo-se de uma forma gradual e não dramática, mas de uma forma constante e sem interrupção, concentrando-se nos objetivos de longo prazo.

No curto prazo, as lebres podem estar à frente, sugerindo que dando grandes passos em frente é o melhor meio para concorrer, mas, no longo prazo, os concorrentes mais eficazes serão as diligentes tartarugas, cuja habilidade para manter uma velocidade firme, com constância de propósito, as ajudará a vencer a corrida.

Para os defensores da perspetiva do renovamento, a preferência pela revolução usualmente reflete uma obsessão pouco saudável com o curto prazo. A renovação contínua, por outro lado, é mais orientada para o longo prazo. Veem o desenvolvimento como uma coisa gradual, não dramática, mas como é constantemente mantido durante um longo período, o nível agregado de mudança pode ser significativo.

As seguintes três características são de grande importância para a manutenção de um passo constante na mudança.

Primeira: todos os empregados da organização devem estar envolvidos na melhoria constante. Toda a gente dentro da organização deve ser movida por uma insatisfação construtiva em relação ao *statu quo*. Esta atitude, de que as coisas podem ser sempre melhoradas, reflete uma rejeição da estabilidade e a aceitação de uma instabilidade delimitada.

Segunda: todos os que trabalham na organização devem estar motivados para aprender continuamente. As pessoas que trabalham na organização devem atualizar constantemente a sua base de conhecimento, o que significa não só adquirir nova informação, mas questionar a sabedoria da organização. A aprendizagem anda sempre de mão dada com a *desaprendizagem* – mudar o mapa cognitivo partilhado na organização. Muitas das vezes as pessoas têm mais dificuldade em desaprender do que em aprender. Desaprender obriga a abandonar rotinas. Aprender e esquecer para aprender novamente é o que esperamos dos trabalhadores nos dias que correm. Já os Gregos chamaram a atenção para a necessidade de aprendizagem ao longo da vida, necessidade redescoberta pela União Europeia recentemente.

Terceira característica: todos os que trabalham na organização devem estar motivados para se adaptarem continuamente. Um ajustamento constante às mudanças externas e um alinhamento fluido devem ser perseguidos. A organização deve evitar inércia de forma ativa, combatendo as forças da ossificação. Os gestores devem lutar para criar estruturas e processos flexíveis. Evitar raízes e utilizar âncoras é o que se espera dos trabalhadores – por exemplo, um trabalhador, ao comprar uma casa, está a criar raízes. Se em vez de comprar, arrendar, está a lançar uma âncora que pode levantar e partir para outro destino onde volta a ancorar. A flexibilidade exige que o mercado de arrendamento funcione.

Todos os que pensam o mundo concordam que este está cada vez mais complexo. A complexidade advém não só da globalização (que se traduz numa maior movimentação dos capitais, das pessoas e dos bens e serviços, tudo isto porque os sistemas de transporte de bens materiais e imateriais melhoraram muito nas últimas décadas e... as grandes empresas estão interessadas), mas também do desaparecimento das barreiras entre as indústrias (antigamente era fácil delimitar um tipo de indústria, hoje é difícil e muita da inovação provém da combinação de fatores que pertencem a duas ou mais indústrias). A complexidade crescente faz com que cada vez seja mais difícil de prever. O que podemos, quando muito, é prever um «nevoeiro do futuro» e precisamos de muitas cautelas para nele nos movimentarmos. O «nevoeiro do futuro» não é propício a grandes velocidades como a da lebre, exige, sim, uma paciência e um trabalho continuado na recolha e tratamento de informação que permite simultaneamente avaliar o que fizemos e definir novas etapas. O «nevoeiro do futuro» joga melhor com a determinação da tartaruga.

A constituição de grupos dentro da organização constitui uma forma de fazer face às questões acima levantadas. Os grupos não nascem por geração espontânea, é preciso que os gestores de topo incentivem a sua constituição e os acompanhem, providenciando os recursos necessários ao seu funcionamento. Face à complexidade crescente da envolvente, estes grupos deverão ser formados por pessoas não só com formação básica distinta, como também com base cultural diversa. Em suma, devemos constituir grupos complexos. É precisamente na complexidade dos grupos que reside a resposta à complexidade crescente da envolvente. Como diz um ditado chinês, «Se o meu único instrumento de trabalho for um martelo, tudo me parece um prego». Se todos os membros do grupo tiverem a mesma nacionalidade e a mesma formação técnica, é normal que apreendam a realidade do mesmo modo. São os mesmos olhos a olhar para a realidade. O que pretendemos é que olhos que leram diferentes livros olhem para a realidade para que possam apreender os seus diferentes aspectos.

Aos grupos uma vez constituídos deverão ser proporcionadas as condições para que tenham um bom desempenho, isto é, deve ser facultado o acesso à formação, à educação e à informação. Em princípio, grupos qualificados produzem melhores decisões, e o que pretendemos é envolver os membros da organização no processo de tomada de decisão. O *empowerment* passa não somente pela qualificação dos trabalhadores, como também pela existência de condições que permitam os trabalhadores influenciarem a escolha das decisões. Colocar os grupos a funcionar não é tarefa fácil. As pessoas não estão habituadas a que lhes peçam a sua opinião e, de um dia para o outro, são solicitadas a dar a sua opinião. A reação normal é desconfiarem. O processo de implementação de grupos exige um grande esforço de comunicação, pois só assim podemos captar a atenção e a motivação das pessoas. Estas têm de sentir os problemas que vão analisar como sendo seus e sentir também que aquilo que lhes estão a pedir faz sentido. Motivar mais não é que conseguir que as pessoas façam coisas de que não gostam com felicidade.

Da minha experiência pessoal, nas primeiras reuniões dos grupos, os seus membros adotam uma estratégia defensiva. Nada dizem, só observam. Após quatro ou cinco reuniões, começam a sentir que aquilo faz algum sentido (há sinais que precisam de ser dados, por exemplo, o empenhamento da gestão de topo, as condições para se reunirem) e todos querem colaborar. Nesta fase, o líder do grupo enfrenta um novo problema, isto é, de início, era necessário motivar os participantes a falar, agora é necessário colocar alguma ordem nas reuniões. No mundo atomizado em que vivemos, as pessoas têm mais dificuldade em saber ouvir do que em saber falar.

Se o grupo tiver alguma diversidade cultural, é necessário saber lidar com novos tipos de problemas. Um deles relaciona-se com a língua de trabalho que utilizamos, que é cada vez mais o inglês. Só que é uma língua que não é nossa, tomámo-la de empréstimo, o que acarreta sempre alguns mal-entendidos. Existem livros e livros a contar histórias mais ou menos hilariantes sobre este assunto. Um dos que mais gozo me deu a ler foi escrito por um americano que se apaixonou pelo Japão quando da sua participação como atleta nos Jogos Olímpicos de Tóquio e resolveu ir para lá trabalhar. Uma das histórias que conta é a seguinte: «Um dia, apareceu no seu gabinete o pai de um dos seus empregados a pedir desculpa pelos danos causados pelo seu filho à empresa e a devolver uma pequena quantia. Surpreendido pela visita e sobretudo pelo conteúdo da mesma, o gestor americano foi indagar dos factos. O que acontecera foi o seguinte: a empresa encontrava-se num processo de consolidação de regras de contabilidade e a sede, instalada nos Estados Unidos, da América, cansada com a demora da filial japonesa, enviara um fax em que dizia que a consolidação deveria estar concluída até uma determinada data, custasse o que custasse, doesse a quem doesse, e terminava dizendo que era um caso de vida ou de morte. O empregado japonês responsável pela contabilidade pensou que tinham descoberto algumas das suas pequenas falcatruas, tais como utilizar o metro nas suas deslocações e pedir reembolso como se as mesmas tivessem sido realizadas por táxi. O pai estava na empresa precisamente para repor essas quantias.»

Situações semelhantes acontecem em quase todas as organizações que juntam colaboradores de várias nacionalidades. Devemos saborear esse lado cómico. O conhecimento da cultura de um povo passa muito pela nossa disponibilidade mental para nos envolvermos com o outro de uma forma empenhada. O mapa mental serve como um filtro e defende-nos das agressões do exterior. Nos tempos que correm, somos sistematicamente bombardeados com informação, e o mapa, deixando passar somente o que nos interessa, serve para nos proteger. Contudo, não pode ter uma malha muito espessa, pois caso isso aconteça, fecha-nos completamente ao que é novo, evitando, desse modo, qualquer desenvolvimento do nosso pensamento. Precisamos de mapas mentais de malha clara, isto é, que permitam acrescentar algo ao que já conhecemos.

Tal como na história da lebre e da tartaruga, temos de ser persistentes, pacientes. Precisamos de analisar profundamente os problemas que enfrentamos e evitar correrias. Termino relembrando o relatório da delegação da Toyota que visitou a General Motors nos anos de 1950. Nessa época, a grandeza das empresas era qualquer coisa que não se podia comparar. Contudo, no relatório redigido pelo chefe da delegação japonesa, depois de descrever o modo como a empresa americana organizava o seu trabalho, terminava dizendo: apesar de tudo isto, temos condições para os ultrapassar. Nessa época, a Toyota produzia pouco mais de 50 carros por dia.

4
O Gato das Botas e a teoria baseada nos recursos

As questões relacionadas com os recursos sempre fascinaram o nosso Libório. Para ele, uma organização sem recursos não pode sobreviver e, segundo ele, os recursos resumiam-se aos recursos humanos. Havia, pois, que tratar muito bem dos recursos humanos, pois todos os outros recursos se podiam comprar, era uma questão dinheiro. O que intrigava o nosso amigo era o facto de todo o mundo estar mais ou menos careca de saber que nos tempos que correm o recurso mais importante é o conhecimento, que se encontra essencialmente nas pessoas, e não compreendia o tratamento agressivo reservado às mesmas, por parte de muitas organizações. Socorrendo-me da história do Gato das Botas, tentei debruçar-me sobre este assunto.

Desde há muito que a estratégia tem sido definida como «o encontro (equilíbrio) que uma organização procura entre os seus recursos internos, as suas competências... e as oportunidades e riscos existentes no seu meio envolvente» (Hofer, Charles W. e Schendel, Dan, 1978). Nesta equação com dois lados bem distintos – o lado da procura (oportunidades e riscos) e o lado da oferta (recursos internos e competências) –, os teóricos e práticos da gestão estratégica preocuparam-se, até aos anos de 1980, essencialmente com os aspectos relacionados com a ligação da empresa com o meio envolvente, privilegiando, deste modo, o lado da procura.

Até à década de 1980, a análise estratégica focalizava-se na obtenção de rendas monopolísticas, o que subentendia a escolha de uma indústria ou de um segmento (a descoberta da oportunidade) para a conquista de uma posição dominante (que na bem conhecida matriz BCG se consubstanciava no aumento de quota que permitisse passar da posição de ponto de interrogação a estrela, isto é, passar de uma posição dominada a dominante e, se possível, de monopólio, eliminando todos os concorrentes... e tudo isto se conseguia através da redução dos custos).

Contudo, caso a estrutura do mercado se encontre num estado de fluxo (o que implica mudança permanente) as rendas monopolísticas sucumbam rapidamente a novas fontes de concorrência (provenientes da inovação tecnológica e de gestão), precisamos de novas teorias explicativas da manutenção de vantagens competitivas.

A teoria baseada nos recursos responde (ou tenta responder) às questões acima levantadas e é vista pelos seus promotores como uma rutura com as abordagens clássicas da estratégia. A empresa, em vez de ser considerada um conjunto de produtos/mercados, passa a ser considerada um conjunto de recursos. Não são as necessidades dos clientes que determinam a estratégia, mas sim os recursos e as competências que a empresa detém.

A rutura assenta no pressuposto de que não são as condições externas à empresa que determinam a estratégia, mas sim o inverso. A vantagem competitiva repousa sobre a capacidade da empresa em valorizar os seus recursos. A empresa precisa de procurar as fontes da vantagem competitiva no seu próprio interior. O ponto de partida de toda a formulação estratégica consiste, pois, segundo esta teoria, em clarificar a identidade da empresa e determinar a sua vantagem competitiva (o lado da oferta assume, deste modo, uma importância primordial).

De acordo com a teoria que se baseia nos recursos, as empresas, para serem bem-sucedidas, devem possuir recursos e capacidades, e devemos pensar nos recursos como substantivos e nas capacidades como verbos.

Recursos e capacidades

Recursos	Substantivos; coisas que a empresa tem	Exemplos: patentes, mão- de-obra qualificada, marca, localização
Capacidades	Verbos; coisas que a empresa faz bem	Exemplos: produzir eficientemente, oferecer um bom serviço ao consumidor

Contudo, os recursos isoladamente não garantem sucesso. As empresas devem combinar os seus recursos para criar valor. Devemos pensar nas capacidades como verbos que descrevem o que as empresas fazem com os seus recursos.

Os recursos e as capacidades, para serem lucrativas, têm de ser escassas e imóveis. A escassez é condição necessária, mas não suficiente, do lucro. Para que uma empresa possa converter os seus recursos e as suas capacidades em lucro, a empresa deve, de facto, deter a sua posse, isto é, devem ser imóveis.

Os recursos e as capacidades são imóveis: (1) caso não possam ser comprados e vendidos no mercado sem a autorização da empresa, ou (2) caso os recursos possam ser comprados ou vendidos, não existe outra empresa que os possa utilizar de uma maneira tão produtiva.

Se um recurso puder ser utilizado por uma outra empresa (sem a autorização da primeira), o recurso é considerado móvel. Os recursos escassos e imóveis podem trazer lucros, mas caso possam permitir sinergias de gama, isto é, se puderem ser aplicados a novos produtos e mercados, então muito melhor. Por outro lado, não nos esquecemos de que, quando falamos de estratégia, estamos a falar de longo prazo, pelo que necessitamos de recursos e capacidades com vantagens sustentadas.

Uma auditoria aos recursos deve proceder à definição da estratégia, pois, como vimos, nem todos os recursos conduzem a situações lucrativas (ver quadro seguinte).

Auditoria dos recursos e capacidades

Recurso/ capacidade	É escasso?	É móvel?	Produz sinergias de gama?	É um recurso com vantagem sustentada?
Recurso 1				
Recurso 2				
Recurso 3				

É aqui que entra a história do Gato das Botas. Quando o pobre moleiro estava moribundo, pouco ou nada possuindo, mas sabendo, por experiência própria, que em casa onde não há pão todos ralham e ninguém tem razão, decide ser ele próprio e proceder às partilhas dos seus parcos haveres. Chamando os seus três filhos, começou por afirmar que ao mais velho deixaria o moinho, ao do meio o burro e ao mais novo o gato. Em teoria, os mais velhos, para tirarem partido da oportunidade (necessidade de pão), precisavam de colaborar, pois a produção e distribuição de pão necessitavam quer do moinho quer do burro. O gato não era para ali ouvido nem achado, não se enquadrava no processo, o que causou um grande desânimo ao seu proprietário.

Contudo, este gato, embora não fosse para ali ouvido nem achado, falava. Este recurso único valia essencialmente pela sua intangibilidade, isto é, pelas suas competências e conhecimento (aliás, a tangibilidade dos gatos, em geral, só é permitida aos seus donos. Como dizia Agostinho da Silva, o gato cumpre-se, não se cumpre). Existe uma hierarquia entre recursos e competências. O recurso é um ativo, enquanto a competência é um saber-fazer que resulta de uma combinação de recursos. Entre todas as competências, só algumas têm um valor estratégico, no sentido em que permitem montar uma estratégia. São as denominadas competências distintivas, igualmente designadas por competências chave. Toda a questão reside, então, em determinar as competências chave.

No caso do Gato das Botas, a competência distintiva era o poder falar, coisa só vista no tempo em que os animais falavam, uma época distante daquela em que vivemos... muito embora muitos nos acenem com um futuro em que as máquinas falam. O gato sabia da sua competência, tanto assim que, ao ver o seu dono a chorar, lamentando-se da sua sorte, se dirige a ele, dizendo: «Meu amo e senhor, não se preocupe, que tudo irá correr bem», e continuou «vou ajudá-lo a encontrar uma casa. Só tem de me arranjar umas botas e um chapéu». Este pedido provocou surpresa e transmitiu ânimo ao dono. O gato não só sabia falar, como utilizava as palavras de um modo correto, condição essencial para um gestor que se serve essencialmente da fala para mobilizar as pessoas.

Os fundamentos económicos da teoria que se baseia nos recursos estão contidos na teoria evolucionista. O objeto principal desta escola de pensamento é o de fornecer uma teoria geral da mudança económica, tendo por base um modelo biológico do tipo darwiniano. A teoria evolucionista repousa sobre três elementos:

- As empresas possuem um património genético sob a forma de rotinas que são elementos de permanência e que correspondem ao saber-fazer e às competências.

- As empresas sofrem simultaneamente de mutações que se traduzem em comportamentos de pesquisa e inovação.
- Somente as empresas com rotinas mais adaptáveis ao meio envolvente sobreviverão.

Estamos perante paradoxos, campo em que a teoria da gestão é bastante fértil. Ao mesmo tempo que as empresas constroem as suas rotinas, base da melhoria da produtividade, devem preparar-se para as destruir, isto é, para inovar. É do conflito entre as rotinas e a necessidade de inovação que o futuro das organizações se molda.

Segundo a teoria evolucionista, a empresa dispõe de um repertório de respostas mais ou menos programadas para fazer face às evoluções do meio envolvente. As respostas são já todas conhecidas, mas não conhecemos as questões. Estas respostas constituem rotinas que a empresa construiu com base na sua experiência. Estas rotinas são engendradas pela experiência. Os evolucionistas distinguem as rotinas estáticas que constituem uma simples repetição de práticas anteriores das rotinas dinâmicas que provêm da inovação e são a base da mudança da empresa. Estas rotinas são geralmente tácitas e de facto não transferíveis. As rotinas são como ativos específicos da empresa e são elas que diferenciam as empresas e constituem a base do seu desempenho. Os defensores da teoria evolucionista defendem que as empresas evoluem segundo um determinado caminho. É a natureza das competências e o tipo de aprendizagem que determinam, em larga medida, o processo de evolução. A sobrevivência de uma empresa depende não só do seu património em competências como da natureza mais ou menos adaptativa, das ditas competências às evoluções do meio envolvente.

Considerando o Gato das Botas como a empresa do filho mais novo do moleiro, esta era dotada de rotinas estáticas e dinâmicas, pois, se por um lado, tentava sempre surpreender (falando) as pessoas que utilizava para a atingir o objetivo proposto, proporcionar uma boa vida ao seu amo e senhor, por outro lado, inovava para se adaptar ao meio envolvente. O Gato das Botas surpreende alguns camponeses a quem pede para fazerem uma vénia ao marquês quando o rei passar (saberiam estes quem o marquês era? Ou, face à surpresa de um gato falante, isto é, perante forças superiores, aceitaram cumprir com o ordenado?).

Surpreendeu e adaptou-se ao gigante dono de muitas terras, pedindo para se transformar num rato que ele comeu.

Não restam dúvidas de que esta empresa evoluiu segundo um determinado caminho, o gato com a complacência do dono não olhava a meios para atingir o seu fim (proporcionar uma boa vida ao seu amo e senhor).

Como afirmámos no início, nem todos os recursos são bons para montarmos uma estratégia. Para definir uma estratégia com base nos recursos, a empresa deve primeiramente identificar e avaliar os seus recursos e descobrir, de entre estes, os que poderão servir de base à vantagem competitiva futura. Estes devem ser, essencialmente, escassos e imóveis.

Este processo envolve a identificação e avaliação (em comparação com os seus concorrentes) do conjunto de recursos que a empresa detém e seguidamente aplicar um conjunto de testes que permitam verificar quais destes recursos são realmente valiosos. A questão central que se coloca aos seguidores da teoria que se baseia nos recursos é a seguinte: em que condições os recursos de uma empresa podem ser a fonte de uma vantagem competitiva sustentada? A vantagem competitiva provém do facto de uma empresa deter uma vantagem que os outros concorrentes efetivos ou potenciais não têm.

A característica duração da vantagem competitiva não depende somente de um período, mas da incapacidade dos concorrentes em imitar essa vantagem. Uma competência é considerada como tendo um grande valor estratégico caso seja uma fonte de vantagem competitiva durável. D. Puthod e C. Thévenard propõem um encadeamento de cinco testes (pertinência, raridade, imitabilidade, transferência, substituição) que permitem avaliar o valor estratégico das competências.

O primeiro teste, o da pertinência, interroga-se sobre a pertinência das competências. Caso a competência permita à empresa agarrar uma oportunidade do seu meio envolvente ou de escapar a uma ameaça, então podemos considerá-la pertinente.

O segundo teste é o da raridade. Separa as competências banais daquelas que são detidas por um número restrito de concorrentes. Quanto maior a raridade, maior o seu valor estratégico.

O terceiro teste determina o carácter de imitabilidade da vantagem procurada pelas competências. Quanto mais as competências são intangíveis e tácitas (não codificadas), menor é a sua visibilidade e, logo, menor a sua imitação.

O quarto teste avalia a possibilidade de a competência ser transferida. Isto é, a competência é utilizável noutros contextos? Quanto maior for a especificidade de uma competência, menor será a sua utilização num contexto diferente e maior será o seu valor estratégico. Este critério mede o grau de controlo que a empresa exerce sobre a sua competência. Por exemplo, a qualificação detida por um trabalhador é mobilizada pela empresa, mas a empresa pode perder esta competência no dia em que o trabalhador a abandonar.

O quinto teste identifica a existência de substituto para a competência. Com efeito, se um concorrente pode conseguir a mesma vantagem com uma competência substituta, torna-se claro que o valor estratégico da competência é menor.

Somando o resultado dos cinco testes, podemos posicionar as competências sobre um *continuum* que vai de um valor estratégico fraco (competência pouco pertinente, imitável, abundante, facilmente transferível e substituível) até um forte valor estratégico (competência pertinente, rara, dificilmente imitável, não transferível e sem substitutos). De uma maneira geral, o fundamento da vantagem concorrencial provém da mobilidade imperfeita das competências. A mobilidade de uma competência torna-se difícil por causa das suas características tácitas e informais e da sua complexidade e especificidade.

O Gato das Botas tinha uma competência pertinente, rara, não imitável, não transferível e dificilmente substituída, o que lhe dava um forte valor estratégico... Consta, contudo, que depois de o seu dono se ter casado com a princesa, procedeu a uma reestruturação (reengenharia, análise de funções, processo de *leaning*, gestão total da qualidade...) da sua casa civil, tendo o Gato das Botas sido despedido. Outros afirmam que o dono construiu uma casa para o Gato e que este se casou e teve dois filhos. Segundo esta versão, o Gato teria regredido, isto é, a sua família não compreendia a sua fala e este viu-se obrigado a falar «gatês», a língua de gato. Não praticando a língua de homem, perdera essa competência e, chateado, suicidara-se.

5
As novas vestes do imperador e a gestão das empresas

«Nos tempos que já lá vão vivia num país muito distante um imperador que se preocupava tanto com o seu vestuário que ocupava todo o seu tempo e dinheiro a vestir-se. Não prestava atenção aos seus súbditos e soldados e quando se dignava passear pelas cidades e bosques era só para mostrar as suas novas vestes.» Tal como o imperador desta história, muitos gestores de topo preocupam-se mais em maximizar os seus interesses pessoais do que os interesses da empresa. Preocupam-se mais em aparecer com boas vestes do que em pensar na sua organização no longo prazo, detestando qualquer tipo de crítica.

A governabilidade organizacional, em oposição à gestão das organizações, tem como objeto de estudo a governabilidade das escolhas estratégicas dos gestores de topo. De uma forma simples, podemos afirmar que a governabilidade organizacional se debruça sobre o que fazem os gestores de topo – e o que fazem vem normalmente expresso em balanços e contas de resultados que nos certificam se os executivos seniores perseguem estratégias concordantes com a missão definida para a organização. Deste modo, a governabilidade organizacional engloba todas as tarefas e atividades que pretendem supervisionar e orientar o comportamento dos gestores de topo.

Na definição mais comum, a governabilidade organizacional estuda as questões que os conselhos de administração enfrentam. Nesta perspetiva, a governabilidade organizacional debruça-se sobre as tarefas dos diretores e, por esse motivo, devemos dispensar atenção às suas ações e responsabilidades. Muitos argumentam que esta definição é demasiado estreita, e que na prática existem muitas outras forças que governam as atividades dos gestores de topo. Nesta visão mais alargada, os conselhos de administração constituem uma das partes do sistema de governabilidade. Por exemplo, a regulação pelas autoridades locais e nacionais, assim como as pressões provenientes dos grupos da sociedade, podem funcionar como entraves à liberdade dos gestores. Quer utilizemos uma definição estreita quer uma alargada, podemos distinguir três importantes funções na governabilidade organizacional:

- A função formativa. A primeira função da governabilidade organizacional é influenciar a construção da missão da organização. A tarefa da governabilidade organizacional é moldar, articular e comunicar os princípios fundamentais que irão orientar as atividades da organização. A determinação do propósito da organização e o estabelecimento das prioridades entre os reclamantes legítimos são parte da função formativa.
- Função de desempenho. A segunda função da governabilidade empresarial é contribuir para o processo estratégico, com vista à melhoria do desempenho futuro da organização. A tarefa da governabilidade organizacional consiste, pois, em julgar as iniciativas estratégicas propostas pelos gestores de topo e/ou participar ativamente no desenvolvimento das mesmas.
- Função conformativa. A terceira função da governabilidade empresarial consiste em assegurar a confor-

midade da organização com a missão e a estratégia definidas. Uma das tarefas principais da governabilidade empresarial consiste em monitorizar a organização, isto é, verificar se a organização desenvolve as atividades propostas e se o desempenho é satisfatório. Quando uma falha é descoberta, é um dever da governabilidade organizacional pressionar por mudanças.

Formas de governabilidade organizacional

Existe um desacordo considerável sobre como os conselhos de administração devem ser organizados e devem gerir a sua atividade. Atualmente, cada país tem o seu próprio sistema de governabilidade organizacional e as diferenças entre países são enormes. Mesmo dentro de alguns países podemos encontrar grandes diferenças. Na conceção de um regime de governabilidade organizacional, há três características dos conselhos de administração que são de importância particular:

- A estrutura do conselho. No plano internacional, existem grandes diferenças entre os países que exigem uma estrutura com dois níveis (por exemplo, Alemanha, Países Baixos e Finlândia), e os países que exigem uma estrutura de um só nível (por exemplo, Estados Unidos, Reino Unido e Japão), e países onde as organizações são livres de escolher (por exemplo, França, Portugal e Suíça). Nos sistemas com dois níveis, existe uma divisão formal do poder, com um conselho de gestão constituído por executivos de topo e um conselho de supervisão distinto. Num sistema com um único nível (ou unitário), executivos e não executivos sentem-se no mesmo conselho.
- Composição do conselho. A composição dos conselhos dos diretores pode variar muito de organização para organização e de país para país. Algumas diferen-

ças provêm do facto de as leis vigentes não serem as mesmas de país para país. Por exemplo, na Alemanha, por lei, metade dos membros do conselho de supervisão devem representar os trabalhadores, enquanto a outra metade representa os acionistas. Na França, os representantes dos trabalhadores têm um estatuto de observadores.

- As tarefas do conselho. As tarefas e a autoridade dos conselhos de administração também diferem significativamente de organização para organização. Em alguns casos, os conselhos reúnem de uma forma irregular e pedem-lhes para votar propostas já elaboradas. Estes conselhos têm pouco poder formal ou informal para contradizer a vontade dos chefes executivos. Noutras organizações, os conselhos reúnem regularmente e têm um papel mais ativo na governabilidade organizacional, formulando propostas, agindo de uma forma proativa, selecionando os novos gestores de topo, e determinando os objetivos e incentivos.

Para os proponentes da perspetiva do valor para o acionista, é óbvio que as empresas pertencem aos seus acionistas e, por isso, devem atuar em consonância com os interesses dos mesmos. As organizações são instrumentos cujo propósito é criar valor económico para os que nelas investem, correndo alguns riscos. Este propósito bastante claro deve orientar as empresas, independentemente de serem empresas cotadas ou não.

De acordo com os apoiantes da perspetiva do valor para o acionista, um dos maiores desafios das grandes empresas é atualmente fazer com que os gestores de topo persigam os interesses dos acionistas. Nos casos em que houve uma separação entre a propriedade e o controlo de gestão, é muitas vezes difícil convencer os gestores a trabalhar para o interesse dos acionistas esquecendo os seus interesses próprios. Este problema é conhecido pelo problema do principal/agente (Jensen e Meckling, 1976) – os gestores são agentes, trabalhando para desenvolver os interesses dos principais, os acionistas, mas são tentados a perseguir os seus próprios interesses, mesmo que seja em detrimento dos principais. Isto levou a um debate muito alargado nos Estados Unidos e no Reino Unido sobre qual seria a melhor forma de governabilidade organizacional.

Os defensores da perspetiva do valor para o *stakeholder* (grupo com interesses na gestão das organizações) não entendem porque é que o fornecedor de um ingrediente para o processo de criação de valor económico tem maior poder moral para reclamar do que os fornecedores de outros *inputs*. Contestam o pressuposto de que os indivíduos que possuem ações tenham o direito de exigir que toda a organização trabalhe para eles. Na perspetiva do valor para os *stakeholders*, a empresa não deve ser vista como um instrumento dos acionistas, mas como uma coligação entre fornecedores de recursos com a intenção de aumentar a riqueza comum. A empresa deve ser vista como uma *joint-venture*, em que os fornecedores de capital, empréstimos, trabalho, gestão e conhecimentos técnicos específicos, partes e serviços participam em conjunto para a realização do sucesso económico. Como todos os grupos têm um interesse na *joint-venture* e estão mutuamente dependentes, estes autores argumentam que o propósito das organizações é servir os interesses de todas as partes envolvidas.

Entendemos a empresa na conceção alargada, isto é, englobando os seus *stakeholders*. Os muros da empresa não acabam nela, devem englobar os fornecedores e os clientes. A empresa deve estabclecer com os fornecedores relações de longa duração e incentivar a movimentação de quadros entre a empresa e os fornecedores. Deste modo, estabelecem-se redes que se baseiam na confiança pessoal, muito úteis para a empresa. A teoria do principal/agente assume que os agentes (gestores) são contratados pelos principais (acionistas) para defender os interesses dos acionistas, contudo, por causa de assimetrias de informação, os gestores colocam os seus interesses acima dos interesses dos que os contrataram.

A avenida da ganância aberta nos anos 90 do século passado fez com que os gestores se sentissem impunes na perseguição dos seus interesses, e muitos deles colocaram o crescimento da empresa acima da sua rentabilidade. Pretendiam ser reconhecidos e temidos pela dimensão da empresa, e não pela eficiência da sua gestão. Os seus feitos eram glorificados não só pela imprensa da especialidade, como pela imprensa genérica. Um dos exemplos mais citados é o do senhor Jean Marie Messier, chefe executivo da empresa Vivendis, uma empresa francesa que se dedicava ao negócio das águas e do tratamento de efluentes e que, de um momento para o outro, se viu no negócio dos *media*, tendo deslocado a sua sede para Nova Iorque. De acordo com as notícias propagadas pelos jornais de então, Jean-Marie Messier pretendia ser senhor do mundo e, para atingir este objetivo, precisava de estar onde o poder se encontrava, isto é, nos Estados Unidos. Diversificou tanto a atividade da empresa, que esta esteve à beira da falência.

O neoliberalismo era a moda de então, e ninguém podia pôr em causa. Quem ousasse fazê-lo era não só considerado estúpido, como contrário aos interesses nacionais, tal como acontece na história «As novas vestes do imperador» (as cores e o padrão eram invulgares e bonitos e as roupas eram feitas de um tecido que tinha a invulgar qualidade de ser invisível, e todas as pessoas que não fossem capazes de entender eram estúpidas).

Tal com o primeiro-ministro do rei se questionava «Meu Deus! É suposto que eu seja estúpido?» (quando observava a obra dos dois charlatões e nada via), e continuava o seu monólogo «Nunca me considerei como tal, e penso que nem uma só alma pensa assim! Não estarei eu preparado para a posição que ocupo? Não, eu nunca direi que não consigo ver as roupas!». Tal como o primeiro-ministro se questionava sobre o rumo dos acontecimentos e pressentia que algo de errado estava a acontecer, também muitos trabalhadores se questionaram sobre as práticas vigentes em muitas das empresas que acabaram por falir, mas se a maioria dos seus colegas considerava tais práticas exemplares e as revistas da especialidade até as consideravam casos de estudo nas principais escolas de gestão do mundo... quem eram eles para as questionar?

Para evitar que os gestores se encham de dinheiro, tal como os charlatões se enchiam de ouro (o dinheiro do tempo em que a história foi escrita), as empresas necessitam de criar um clima de crítica construtiva em que as vozes discordantes sejam ouvidas e tidas em atenção. Precisam de vozes não comprometidas como a do rapaz que quando o rei se passeava em procissão pelas ruas da capital disse: «mas ele vai nu!», causando um enorme murmúrio quc rapidamcntc sc espalhou pela população que assistia à procissão.

As empresas precisam de vozes não comprometidas nos seus conselhos de administração e de uma imprensa especializada crítica e conhecedora dos assuntos de que trata e sobre os quais opina.

A história do Rei Vai Nu serviu para discursar sobre a existência de «bufos» nas organizações. Pela história recente de Portugal, a maioria da população vê com maus olhos a existência de «bufos», aquelas pessoas que ouvem para contar aos chefes. As organizações precisam de pessoas com sentido crítico e que não se acobardem, que digam o que pensam e utilizem os canais normais para fazer chegar os seus comentários a quem consideram que devem fazer chegar. Mas se os canais estiverem entupidos devem utilizar outras formas de fazer chegar e não devem ter receio de ser denominados de «bufos», pois muitas vezes é o futuro das organizações que está em perigo. Compete aos gestores a criação de canais que permitam às pessoas exprimir os seus sentimentos em relação ao que se passa na organização. Muitas vezes, os gestores procuram sugestões para melhoria da atividade da sua organização e esquecem-se de trabalhar as sugestões dadas. Quem sugere espera confirmação, caso contrário, desmotiva-se.

Se tivermos em atenção que todas as palavras que utilizamos para designar as pessoas que contam o que se passa, tais como *bufos, delatores, denunciantes, queixinhas,* têm uma carga negativa, talvez sejamos levados a pensar que estamos perante um problema cultural, isto é, o nosso povo é um povo que vive onde não se denuncia ninguém... ora, nada mais de errado vivemos no meio de denunciantes no mau sentido do termo.

Compete aos gestores criar uma cultura organizacional que premeie a crítica construtiva e em que as pessoas não tenham medo de dizer o que pensam.

A governabilidade empresarial é um desafio constante quer nos países desenvolvidos quer nos países em desenvolvimento. Nos países europeus, latino-americanos e asiáticos, em que as empresas são maioritariamente controladas por poucas famílias abastadas, o grande desafio é encontrar filhos competentes. Nas empresas estatais, acontece um problema similar, isto é, encontrar um gestor competente e politicamente leal. Quer a Rússia quer alguns países da Europa do Leste parecem estar a evoluir rapidamente para oligarquias do tipo latino-americano, em que os «filhos idiotas» constituem o maior problema da governabilidade organizacional. O problema do «filho idiota» aparece, geralmente, nos países onde o poder na empresa é confiado a pessoas do mesmo sangue ou leais, independentemente do mérito. É caso para dizermos: todos os santos protetores de Portugal, livrai-nos dos «filhos idiotas» e, sobretudo, dos «filhos idiotas armados em empresários de sucesso».

6
Os tomates e a responsabilidade social das organizações

Um dos muitos assuntos que preocupam o meu amigo Libório é o da responsabilidade social. Desconfia muito das organizações que de um momento para o outro são amigas do ambiente, dos trabalhadores e da sociedade, e anda sempre a chatear-me com esta pergunta: «Não estarão as organizações a utilizar a responsabilidade social como um instrumento de publicidade?». «Talvez», é a minha resposta, ao que acrescento: «mas caso estejam, pode ser um caminho sem retorno, pois as populações estão cada vez mais informadas e os movimentos dos consumidores são cada vez mais fortes, e as empresas que praticam a responsabilidade social aumentarão os seus lucros». Pela sua expressão facial, era evidente que não ficara convencido. Certo dia, lembrei-me de que quando ele era pequeno era conhecido por Libório Tomateiro, pois o seu gosto por tomates era de tal ordem que, durante a época dos ditos, alimentava-se quase exclusivamente, para não dizer exclusivamente, de tomates. Resolvi pegar nessa questão para falarmos sobre este tópico.

Segundo um velho amigo brasileiro, biólogo de profissão, e em quem confio muito, os tomates, graças ao seu valor nutritivo, são dos legumes mais estudados (de referir que este amigo em tempos também estudou os tomates. Hoje, dedica-se ao estudo das tangerinas). Segundo ele, existem milhares de artigos que estudam os tomates.

Aos sábados, quando me desloco à Praça da Ribeira e observo as diferentes formas e cores dos tomates expostos, as conversas tidas com este velho amigo durante os passeios na cidade alemã de Marburgo vêm-me sempre à memória.

Algumas décadas atrás, o transporte provocava grandes quebras e muitos investigadores lançaram-se no estudo de formas que permitissem que os tomates não se estragassem durante as viagens. Mudaram tanto a forma dos ditos como as caixas onde se encaixam, tendo em vista a maximização do lucro. Uma das formas de maximizar os lucros é minimizar os custos. Ah! Os custos!

Desde há muito que os custos constituem a arena privilegiada de luta dos gestores. Se tivermos presente a célebre matriz do Boston Consulting Group e pensarmos sobre as recomendações nela contidas, facilmente concluímos que a diminuição dos custos constitui a atividade mais interessante para os gestores. A matriz BCG propõe duas dimensões (a taxa de crescimento do sector e a quota relativa de mercado) que originam quatro células (pontos de interrogação, estrelas, vacas leiteiras e cães). Estrategicamente, o ideal seria que uma empresa possuísse vários pontos de interrogação, para poder escolher um ou mais e investisse nos escolhidos com capital proveniente das vacas leiteiras para que os pontos de interrogação se transformassem em estrelas. Uma vez estrelas, cabia à empresa defender a sua posição, isto é, aumentar a sua quota de mercado. Para tal, era necessário que a empresa agisse essencialmente na variável custo. Tudo parecia muito simples e os gestores deixaram-se seduzir por este canto de sereia. Por sua vez, para entrarem no mercado, os concorrentes procediam a inovações e apareciam com novas curvas de experiência ou faziam com que a descida na curva da experiência acontecesse e, consequentemente, de forma mais célere. O ataque aos custos baseava-se muito na curva da experiência. Trata-se de uma contestação empírica, segundo a qual, sempre que a produção acumulada duplicava, os custos totais unitários decresciam de uma determinada percentagem. Por exemplo, se uma determinada indústria possuía uma curva de experiência de 85%, significava que, sempre que a produção acumulada duplicava, o custo total unitário diminuía de 15%.

Tudo isto parecia simples, e os gestores, ao concentrarem-se na produção pela produção, descuidaram a inovação. Entretanto, novos concorrentes iam aparecendo e a defesa das posições tornou-se cada vez mais difícil. Os gestores viram-se obrigados a inovar.

Esta busca constante da redução dos custos faz com que muitos dos produtos que hoje consumimos só tenham de semelhante a designação com os de há muitos anos.

É o caso dos tomates: de tão trabalhados geneticamente, para alterar o formato e a rigidez da casca, o sabor desde há muito que se alterou. De tomates só lhes resta o nome e o tamanho! A China lançou-se freneticamente na produção de tomates minúsculos, que não tardarão a invadir o mundo.

«Lá estás tu na China! Ainda não respondeste à minha pergunta», reforçou o amigo Libório. Habituado a este tipo de afirmações, não prestei muita atenção e continuei a explicitar o meu raciocínio. A responsabilidade social está na ordem do dia, tanto nos países desenvolvidos como nos países em desenvolvimento (como é o caso da China), e a compreensão deste súbito interesse passa pelo conhecimento do denominado modelo dos *stakeholders*. Em 1984, Edward Freeman publicou o livro *Strategic Management – A Stakeholder Approach*, que se tornou a base dos futuros desenvolvimentos do modelo. Freeman define *stakeholder* como «qualquer grupo ou indivíduo que pode afetar ou é afetado pela atividade da empresa», e propõe a lista seguinte de possíveis *stakeholders*: «empregados, consumidores, fornecedores, acionistas, bancos, ambientalistas e governo». Esta lista não é, de modo algum, conclusiva, uma vez que é a organização e o contexto em que opera que determinam quem é um *stakeholder*. O que Freeman nos está a dizer é que a sobrevivência das empresas exige que os gestores tenham em consideração tanto os interesses dos acionistas, como o interesse de outros *stakeholders*. No longo prazo, a sobrevivência das empresas passa pela perspicácia dos gestores em perceber quais os grupos que têm interesse na atividade da empresa e que afetam ou são afetados pela sua atividade. A área definida pelos defensores da responsabilidade social abrange, por exemplo, o encerramento de empresas, relações laborais, direitos humanos, ética empresarial, relações com a comunidade e o meio ambiente. Para serem bem geridas, as organizações têm de satisfazer os interesses dos seus acionistas e da maioria dos seus constituintes (*stakeholders*). Segundo o modelo europeu de excelência, para ser considerada bem gerida, uma organização deve satisfazer os acionistas, os trabalhadores, os clientes, e ter em consideração o seu impacto no ambiente, apelando à constituição de parcerias com os fornecedores. A questão que se coloca à gestão é precisamente, no processo de tomada de decisão, ter em consideração os interesses destes constituintes. Para muitos autores, se no caso dos acionistas, dos clientes, dos trabalhadores existem instituições que exprimem os seus interesses, o ambiente está mudo. Para muitos, o ambiente não está mudo, manifesta-se, e de forma violenta. As alterações climáticas a que assistimos são uma prova cabal.

A expressão «de Friedman to Freeman» é frequentemente utilizada para mostrar a mudança verificada no debate sobre o papel dos negócios na sociedade. Esta expressão refere-se ao desafio colocado ao «modelo do acionista» ou «modelo centrado no lucro» da governabilidade organizacional. Este modelo opera na premissa que as empresas respondem exclusivamente aos seus acionistas e devem satisfazer unicamente os seus objetivos. Os proponentes do «modelo dos *stakeholders*» ou do ««modelo de responsabilidade social» defendem que as empresas devem ser responsáveis perante todos (indivíduos ou grupos) os que têm um interesse na sua atividade.

O que acontece nos tomates, em que a aparência e a rigidez são promovidas a critérios absolutos de qualidade com vista à maximização do lucro, acontece em muitos outros sectores de atividade. A busca desenfreada do lucro esmaga qualquer preocupação ética, e as empresas que estão legitimadas para trabalhar para o bem comum (a legitimidade exprime-se na licença para operar) acabam por o destruir.

Como atacar este problema, uma vez que, segundo muitos autores, o que motiva as pessoas é a defesa dos seus interesses? O problema reside no facto de a busca desenfreada dos interesses individuais poder levar à destruição do próprio planeta e, deste modo, colocar em causa a sobrevivência da Humanidade. É o próprio futuro que está a ser destruído, e não nos esqueçamos de que gerir é prever, e, sem objeto de previsão, desaparece a função de gestor. Os meios de comunicação não se cansam de propagandear modelos individualistas, em que defendem que as pessoas devem lutar pelos seus interesses, independentemente das consequências que possam advir para os outros. Há uns tempos passou na televisão o concurso «O Elo mais Fraco». As regras eram simples, mas sintomáticas da filosofia do «xico-espertismo» que vigora na nossa e em muitas outras sociedades. Uma apresentadora, que se esforçava ao máximo para ridicularizar os concorrentes, fazia as perguntas aos participantes. Caso respondessem acertadamente, era dada uma certa quantia que ia sendo acumulada para um único vencedor. Após cada jogada, os concorrentes eram convidados a propor um deles para expulsão. Nas primeiras rondas, não votavam nos que melhor tinham respondido às perguntas (pois esperavam que eles contribuíssem nas jogadas futuras, aumentando, deste modo, o montante a que um teria direito), mas, à medida que o jogo se aproximava do fim, e sobretudo quando estavam só três concorrentes em jogo, assistia-se a coligações dos mais fracos para expulsar o mais forte. O jogo não premiava os mais capazes. No fundo, o jogo passava a mensagem: «Para alcançarmos a vitória, todos os meios são bons». Assim como o produtor de tomates não olha a meios para atingir o lucro, os concorrentes de «O Elo mais Fraco» também não tinham em conta a capacidade intelectual dos colegas para os expulsar. Nos vários países em que assisti a transmissões deste concurso, salvava-se a apresentadora, que além de vestir de uma forma nazi, tratava os concorrentes de uma forma péssima, como eles mereciam ser tratados.

«Lá estás tu a divagar! Começaste nos tomates e já estás no nazismo, passando por um concurso de televisão», interrompeu o amigo Libório. Acontece que não podemos conhecer as partes sem percebermos a ligação que existe entre elas e termos uma ideia do todo. As partes não existem sem o todo. A compreensão do súbito interesse da responsabilidade social por parte das empresas exige que tenhamos presente o mundo em que vivemos. Um mundo caracterizado pela incerteza, e os gestores têm muita dificuldade em lidar com a incerteza. Os gestores, e não só, gostam de ordem. Precisamos de ter mapas que sustentem a nossa ação. Quando estamos perdidos num trajeto, consultamos um mapa da região para encontrarmos o caminho que nos levará ao nosso destino. Imaginem que construíamos um mapa de um país ou de uma região, misturando um pouco do Norte com um pouco do Sul. A confusão que não seria! O mesmo se passa com a relação entre a empresa e os seus constituintes. Temos de encontrar uma ordem que nos indique a relação entre eles e a relação entre eles e a empresa. Por vezes, e numa atitude de curto prazo, tiram partido da falta de ordem, mas sabem que outros aparecerão e tirarão partido dessa falta de ordem, ficando com um sentimento de impotência. Precisam que uma qualquer instituição lhes garanta uma certa ordem e acionam todos os mecanismos ao seu dispor para revitalizar instituições já existentes ou fundar outras. O programa *Global Impact*, dinamizado por Kofi Annan, enquanto secretário-geral da Organização das Nações Unidas, e apoiado por centenas de grandes empresas de todo o mundo, é um claro exemplo do que anteriormente afirmámos. Face à falta de ordem provocada, em parte, pela globalização, as grandes empresas associam-se a um projeto que pretende pôr alguma ordem nas relações entre as nações e pretende proteger os mais desfavorecidos. A globalização destruiu as instituições nacionais, especialmente as da defesa dos trabalhadores. Quando da Revolução Industrial, os trabalhadores eram obrigados a jornadas de trabalho de 12 ou mais horas. Não preciso de ir tão atrás, no meu Algarve dos anos de 1950, os pescadores das traineiras (pesca da sardinha) fainavam sete dias sobre sete dias e descansavam somente durante o período de defeso (janeiro e fevereiro), sem direito a qualquer subsídio. Foram os sindicatos e a luta dos trabalhadores (não esquecer a luta pelos três oito – oito horas para trabalhar, oito horas para conviver e oito horas para descansar) que levaram à instituição das oito horas de trabalho. Hoje, muitos trabalhadores, escravos da casa e do carro (impostos pela sociedade de consumo), trabalham muito mais do que as oito horas por dia. Para compensar a ausência do convívio com a família, desatam a comprar prendas para os filhos. Foram os Estados nacionais sob pressão de movimentos cívicos que regularizaram as jornadas de trabalho. Outro tipo de instituição, não os Estados nacionais, organizará as jornadas de trabalho nos tempos que se aproximam.

As empresas são compensadas por criar valor para as partes interessadas na sua atividade, e não por controlarem custos.

7
Vai entrando, vai pedindo, vai pagando, vai saindo

Não há muitos anos, era normal encontrar nas tabernas que pululavam pelo nosso país umas obras de cerâmica penduradas em lugar visível com a quadra que faz o título deste capítulo. «O que tem a quadra que ver com a gestão?», perguntou o meu amigo Libório. «Muito e nada», respondi-lhe.

O sentido da quadra muito pouco tinha que ver com o ambiente vivido nas tabernas de então, pois era normal os clientes/amigos estacionarem horas e horas, de pé, junto do balcão, a conversar à volta de um copo de vinho e um petisco (por exemplo, um peixe-voador seco). Ou talvez por isso, pelas longas horas e pelo pouco consumo, o dono da taberna tenha colocado o prato. A maioria dos clientes achava piada ao prato, vendo-o como uma brincadeira. Segundo um amigo, o prato era para afastar os desconhecidos, pois, em sua opinião, as tabernas eram locais de confraternização de amigos e não toleravam a presença de estranhos. O dinheiro ainda não tinha tomado conta das nossas relações.

«Lá estás tu a divagar», sussurrou o amigo Libório. «Explica mas é a relação entre a obra de cerâmica e a gestão». «Aqui vai a explicação», respondi-lhe já um pouco marafado.

O conteúdo do prato considera os clientes um problema e, quanto menos tempo permanecerem na taberna, menor a probabilidade de conflito, pois não teriam tempo de aquecer as goelas. É o que designo por estratégia *Kleenex* (utilizar e deitar fora). Esta estratégia, adotada por muitas empresas e referida em muitas escolas de gestão como caso de sucesso, contribuiu para a delapidação de muitos recursos. O exemplo mais referenciado era o da empresa BIC. Segundo muitos autores, a BIC teria revolucionado o modo da escrita. Até a BIC lançar a sua esferográfica, o ato de escrever tinha um certo ritual, as canetas eram recarregáveis de tinta e tinham de ser limpas. Com o aparecimento das esferográficas BIC, tudo mudou. O lema passou a ser «utiliza e deita fora». Este conceito passou para outros produtos, como os isqueiros e as lâminas de barbear. Tudo passou a ser descartável, incluindo as pessoas, e passámos a viver na sociedade líquida de que nos fala Bauman. «Lá estás tu a divagar», sussurrou o amigo Libório.

Não estou a divagar, estou somente a constatar o que se passa na nossa sociedade. Basta estar atento aos anúncios que passam nos diferentes canais de televisão. Muitas empresas gastam milhares de euros em campanhas agressivas com a finalidade de conquistar novos clientes, mas nada fazem para manter os clientes que já têm. Uma vez o cliente conquistado, passa a ser tratado como um número entre milhares de números, e continuam com o lançamento de novos pacotes (os publicitários adoram a palavra «pacote») para atrair novos clientes, desprezando os clientes existentes. Se o novo pacote dá condições privilegiadas aos novos clientes, porque não estender aos clientes já existentes? Quando os clientes se vão embora, ficam surpreendidos e não dão sossego ao ex-cliente. Telefonam e telefonam, muitas vezes a horas despropositadas, para saber das razões da saída, e disponibilizam novos pacotes de adesão com condições mais favoráveis que as anteriores e «imbatíveis no mercado»... até ao pacote seguinte.

A questão que se coloca é a seguinte: se os programas existiam, porque não foram comunicados ao cliente antes de este abandonar a empresa? A resposta é simples: uma vez o cliente conquistado, a maioria destas empresas nunca mais se preocupa com ele. Não têm o prato com os dizeres da taberna no seu sítio, mas a atitude é a mesma. Como diz um dos nossos velhos amigos: «O *hardware* mudou, mas o *software* é o mesmo».

8

Porque questionamos os pescadores sobre o montante da sua pesca e não questionamos os donos dos restaurantes sobre os seus rendimentos?

Esta é talvez a questão que mais atormenta o meu amigo Libório. «Por que raio sempre que um indivíduo qualquer, muitas vezes sem qualquer ligação com a atividade piscatória, se aproxima de um barco, a primeira pergunta que faz, muitas vezes ainda antes de dizer bom dia, é: "Então, patrão, quanto rendeu a pesca hoje?". Porque é que não vão aos restaurantes que ficam ali mesmo em frente e fazem a mesma pergunta?»

Confesso que fui apanhado de surpresa, embora tenha assistido vezes sem conta a esta situação. A partir deste dia, a questão passou a fazer parte das minhas preocupações.

Uns dias depois, procurei Libório para com ele discutir possíveis respostas. No geral, as pessoas assumem que o mar é um bem público, isto é, que é pertença de todos, logo, sujeito a um intenso escrutínio. Para muitos, a exploração dos seus recursos deveria estar sujeita a regras muito claras.

Libório ficou por uns momentos a pensar e disparou: «Mas a terra também foi certamente um bem público e agora ninguém se importa com a sua exploração?» A parcela de terra que os homens ao longo dos tempos foram privatizando não se desloca, pode perder valor económico, mas está fixa, enquanto aquilo que os pescadores procuram no mar se move. As sardinhas hoje estão na Baía de Pera, mas na próxima semana podem estar na Ponta de Sagres. Durante muito tempo, os pescadores colocaram armações (redes que eram montadas de forma labiríntica no mar de modo que o peixe que entrasse não encontrasse a saída) na rota das espécies principais de peixe que pretendiam capturar. Contudo, o aparecimento dos barcos a motor fez com que as armações entrassem em declínio. Os pescadores assumiram uma estratégia proativa: não esperavam que os peixes viessem ter às redes, portanto, lançavam as redes aos peixes. Por tudo isto, não faz muito sentido apoderar-se de uma parcela de mar, além de que existem os problemas da livre navegação, para fomentar o comércio entre as nações.

«Mas tu achas mesmo que as pessoas questionam o montante da pesca porque estão preocupadas com a sobre-exploração dos recursos piscatórios?», disparou Libório.

Talvez, movidas por um sentimento de posse. *Isto também é meu e estes tipos andam por aqui a rapar e depois nada fica para os meus sucessores.* Mas talvez nenhum dos seus sucessores se dedicará à pesca. Muitos pensam também que a pesca é uma atividade fácil. Basta lançar as redes e os peixes aparecem, não valorizando o conhecimento empírico transmitido de geração para geração. O que leva um mestre de pesca, quando sai da barra de um porto marítimo, por exemplo, Portimão, a ir para os lados de Sagres à procura de peixe, e não para os lados da Baía de Pera? A decisão fundamenta-se em muito conhecimento tácito, difícil de explanar e que geralmente morre com a reforma do dito mestre. É pena que os investigadores das coisas do mar não falem com estes homens, pois certamente teriam muito para dizer.

«O ar que respiramos também é um bem público; porque é não se preocupam com ele e não deixam os pescadores em paz?», retorquiu o meu amigo Libório. Confesso que o amigo Libório não estava a ser amigável e resolvi atacar, perguntando se ele conhecia a teoria da moral do peido. «Mas que teoria é essa? Já estás a tentar dar-me a volta». O facto é que existe a teoria da moral do peido. Segundo esta teoria, os nossos peidos não cheiram mal, só os peidos dos outros é que são malcheirosos. Ora, esta teoria pode ser aplicada à questão do ar que respiramos *versus* a sobre-exploração dos mares. A maioria dos curiosos que questionam sobre o montante da pesca nunca foram pescadores nem pensam em ser, são os outros que sobre-exploram os mares. Por sua vez, a maioria é proprietária de carros e com eles poluem o ar que respiramos. Como se consideram culpados, não querem falar sobre o assunto, preferem falar sobre assuntos que são provocados pelos outros. A teoria da moral do peido ajuda-nos a compreender esta postura: aquilo que eu fiz não cheira mal (não provoca nenhum dano nos bens públicos), mas o que os outros fizeram é muito malcheiroso (provoca imensos danos naquilo que é de todos).

Face a esta filosofia, os poderes públicos têm de agir e defender o que é de todos. O Estado existe precisamente para definir políticas e executar ações que protejam e desenvolvam os cidadãos, por exemplo, a segurança, a saúde, o ensino.

«Essa é outra moral, e está um pouco fora de moda. O Estado cada vez mais age de forma empresarial, e para as empresas o que interessa é o lucro», respondeu Libório. Agir de forma empresarial não significa desprezo pelas suas funções, pois sendo os recursos cada vez mais escassos, é normal que os Estados adotem formas de gestão que permitam atuar de forma eficiente e eficaz, mas sem esquecer a sua missão, isto é, para que existem. Gestão pública não é sinónimo de má gestão, e o Estado não se deve demitir das suas funções. Muitos dos que pretendem o emagrecimento do

Estado vivem à custa dele, e quando acontece alguma crise, é a ele que recorrem. Veja-se o exemplo da crise do *subprime.* Os envolvidos nesta crise devem ser dos que mais desprezam o papel do Estado na economia, contudo, após se terem divertido com jogos matemáticos de alta complexidade que eles próprios não dominam e terem mandado milhares de pessoas para o desemprego, é ao Estado que recorrem.

«A crise do *subprime* cheira-me muito ao caso da Dona Branca. A coitada da Dona Branca foi presa, mas da crise do *subprime* só vi dois americanos serem presos», afirmou o amigo Libório. Fiquei confuso. Realmente, muito embora a Dona Branca não fosse um génio da finança nem um menino--prodígio das matemáticas, causou alguma confusão emprestando dinheiro aos que não tinham acesso aos canais normais de financiamento. Estes causaram uma confusão mundial emprestando a pessoas que também não tinham acesso aos canais normais de financiamento. Estes empréstimos estavam tutelados por instituições credíveis e a pobre da Dona Branca não era nem instituição, nem credível. Ah! As instituições e a sua credibilidade.

9
Os mercados

«Conheces algum mercado? Todos os *media* falam dos mercados, mas sinceramente nunca vi nenhum, e tu?», perguntou o amigo Libório. «Conheço o mercado da praça velha e o mercado do peixe da nossa praia», respondi-lhe. «Esses também eu conheci», respondeu todo ladino o meu amigo, «mas os mercados de que eles falam não devem ser do mesmo tipo. Eles falam dos mercados de uma forma amedrontada, e nesses mercados não existia medo, antes pelo contrário, eram sítios de convívio e troca de informação» ripostou.

Não existia medo porque todos os participantes tinham a mesma informação, não existia informação assimétrica. Tudo era transparente. Os compradores do peixe sabiam distinguir o peixe da noite do peixe do dia e os compradores de fruta sabiam distinguir uma maçã podre de uma sadia, para não dizer que sabiam distinguir uma maçã de uma pera e um carapau de uma sardinha.

Por outro lado, nenhum dos participantes era demasiado forte para impor a sua vontade aos restantes, todos eram pequenos. Se pensarmos bem, nos finais dos anos de 1970, alguns compradores de peixe cresceram e começaram, de certa forma, as suas regras, mas como eram filhos da terra, não abusavam.

Tens toda a razão, os mercados de que os *media* falam são diferentes, muitos dos intervenientes são poderosos, muitos não têm rosto (por exemplo, o Fundo Grilho Falante é o proprietário da empresa *x*, mas quem é o grilho falante?), e a informação está distribuída de uma forma assimétrica. São donzelas mimadas e caprichosas. Queixam-se de que não são tratados com o devido respeito e vingam-se. Se acontece um ciclone junto de uma exploração petrolífera, retaliam imediatamente, aumentando o preço da gasolina. «Onde se viu um ciclone a causar incerteza, nós queremos estabilidade», dizem eles nos seus encontros. Sim, os mercados também se reúnem e têm grandes jantaradas. Quem teve a culpa do ciclone, esse desestabilizador? Vocês, pecadores, que não acreditam no deus mercado e nos seus profetas. Todos os desejos dos mercados (que só os seus profetas conhecem) devem ser cumpridos. Os seus devotos, pois acreditar nos mercados é como acreditar no Pai Natal. Acontece que, muitas vezes, nem os profetas do mercado conseguem interpretar os seus sinais, e a confusão instala-se. Sentindo-se incompreendidos, os mercados reagem violentamente, destruindo milhares e milhares de postos de trabalho. Para os não devotos, os mercados enlouqueceram e devem ser tratados, isto é, devem ser internados. Para os devotos, estamos perante mais um capricho dos mercados, e a culpa foi nossa, que não obedecemos aos seus caprichos.

Para entendermos melhor o que se passa, vou recorrer a uma velha definição de economia: a economia estuda a alocação de recursos escassos a finalidades de desigual importância. A questão reside na alocação de recursos, com a consciência cada vez mais forte de que os mesmos não são apenas escassos, são finitos e precisamos de os alocar da forma mais eficiente e eficaz. Se pensarmos num *continuum* em que num dos extremos se encontra o Estado e no outro o Mercado, para alguns (cada vez menos), o Estado faz a alocação de uma forma mais eficaz e eficiente, para outros (com o número a diminuir), o Mercado realiza a distribuição de uma forma mais eficaz e eficiente.

Ao longo dos séculos, tem existido uma espécie de pêndulo que se inclina umas vezes mais para o lado do Mercado e outras para o lado do Estado. Nos tempos que correm, a maioria dos países encontra-se algures no meio do *continuum*, existindo uma colaboração entre o Estado e o Mercado na alocação dos recursos. Um bom exemplo para compreendermos a ideia do pêndulo foi o que aconteceu nos Estados Unidos da América. Quando George Bush filho chegou ao poder, herdou um *superavit* nas contas públicas e, como devoto do mercado, devolveu parte dos impostos aos cidadãos americanos. Para ele, o Mercado saberia alocar melhor este recurso que o Estado. Perto do final da sua presidência, graças à crise do *subprime*, acabou por nacionalizar bancos, o que, de um modo implícito, significa que, para ele, o Estado saberia alocar melhor os recursos que o Mercado. «Meu caro Libório, o importante é percebermos para que lado o pêndulo se inclina.»

10
Eu pago os meus impostos

«Desde que regressei a Portugal, os meus ouvidos estão cansados de tanto ouvir "Eu pago os meus impostos". Será que paga?», disparou o meu amigo Libório, assim que chegou ao café Nicola, numa bonita manhã de primavera. Confesso que esta frase também me incomoda. Se pagam os impostos, para quê andar a apregoar aos sete ventos? O pagamento de impostos faz parte dos nossos deveres como cidadãos. O exercício da cidadania tem direitos e deveres. Os direitos trazem consigo deveres. Pagar é um dever, exigir transparência na aplicação das verbas provenientes dos impostos é um direito.

A fuga ao pagamento dos impostos é um fenómeno endógeno à maioria das sociedades europeias. Quando questionados sobre isso, os cidadãos dos países do Norte europeu argumentam que os seus países já se encontram dotados da maioria das infraestruturas necessárias ao seu bom funcionamento e não veem razões para pagar mais impostos. Os cidadãos dos países do Sul (exceto em Portugal, pois aqui, a acreditar no número de pessoas que repetem a dita frase, todos pagamos) recusam pagar os impostos, argumentando que o serviço prestado pelo Estado é de nível tão baixo que preferem ser eles a escolher.

Exigem, por exemplo, que o Estado lhes forneça cupões de ensino. Munidos desses cupões, procuravam a escola pública ou privada que em sua opinião melhor serviço presta aos seus filhos. Exigem também o direito de escolha do hospital em que pretendem ser tratados em caso de doença. «Com tantas exigências, daqui a pouco estão a exigir o fim dos Estado», disse Libório. O fim do Estado não lhes interessa, pois a maioria dos que reivindicam vivem à sombra dele, e o seu fim não lhes convém. Defendem o esvaziamento do Estado, mas, ao fazê-lo, estão a pedir, embora de uma forma encapotada, o fim do mesmo.

Com a constituição da União Europeia e outros blocos económicos, a instituição Estado, tal como a conhecemos, tem vindo a perder importância. Muitos dos assuntos que antigamente eram tratados no Terreiro do Paço são atualmente tratados e decididos em Bruxelas, e as regiões estão a ganhar peso. Isto não significa que o conceito de Estado (estrutura que unifica) esteja condenado a desaparecer, antes pelo contrário. A globalização trouxe alguma desordem, incerteza e as empresas não gostam da incerteza. Assistimos a um unir de esforços entre a Organização das Nações Unidas e associações empresariais na execução de projetos virados para o apoio aos países mais pobres, essencialmente no ramo da saúde. Não há muitos anos, as relações entre as empresas e organizações como a ONU eram antagónicas, as empresas não se cansavam de apregoar a razão da sua existência: o lucro. Enquanto a ONU existia para ajudar ao desenvolvimento harmonioso do mundo, ultimamente, temos assistido a um aproximar de posições, talvez porque o mundo enfrenta problemas que só podem ser resolvidos pela união de esforços, ou talvez porque neste mundo complexo e incerto as grandes empresas vejam na ONU a instituição reguladora que ponha fim a alguns excessos (programa *Global Impact*).

Em suma, a instituição Estado, tal como a conhecemos, tem tendência a ser substituída por uma instituição mais abrangente, mais macro, que regule as relações entre blocos económicos.

Uma possível ameaça ao mundo harmonioso é o enquistamento dos blocos económicos. Muito embora a União Europeia e outras instituições de integração económica vigentes (NAFTA; ASEAN; MERCOSUL) não tenham sido criadas para defenderem os interesses dos seus concorrentes, os blocos devem estabelecer entre si pontes que permitam um conhecimento mútuo.

Voltando ao esvaziamento do Estado. Em meu entender, esta questão encerra em si um paradoxo, pois os que defendem o esvaziamento do Estado pretendem o seu fim. Ao defenderem a transferência de muitas atividades até agora exercidas pelo Estado para os privados, estão a tentar demonstrar a inutilidade do mesmo e implicitamente o seu fim. Segundo eles, tudo deve ser gerido como uma empresa, como se esta afirmação só por si tivesse qualquer significado. Imaginem onde estaríamos se o nosso Ministério das Finanças fosse gerido como a empresa Enron, que apareceu em muitos artigos como um caso a estudar e que foi estudado em muitas escolas de gestão de renome internacional (tudo isto antes do seu colapso).

O Estado desde há uns anos a esta parte desviou as suas atenções para outras atividades e descurou as que eram consideradas suas e só suas. A sociedade sente um vazio. Para o preencher, deve agir de uma forma positiva. Se pensarmos na sociedade civil como uma área de associação e ação independente do Estado e do mercado, na qual os cidadãos podem organizar-se para prosseguir valores sociais e objetivos ou finalidades públicas que são importantes para eles, quer individual quer coletivamente, existe todo um campo de ação para melhorarmos a nossa qualidade de vida. Tomemos por exemplo a associação de condóminos de um prédio isolado e inserido num espaço verde. Desde há muito que o espaço envolvente de verde só tem a designação. A erva cresceu por tudo o que é lado e os cães dos habitantes do dito prédio defecam por tudo o que já foi relva. Na reunião dos condóminos, as questões que se discutem têm que ver essencialmente com a apropriação ou não apropriação dos espaços comuns, e quando um dos condóminos propõe que os habitantes do prédio se organizem por grupos e tratem do espaço envolvente, pois deste modo estavam a alindar a sua existência, a resposta foi uma gargalhada geral. «Isso é trabalho da Câmara! É para isso que eu pago os meus impostos!», gritou um dos condóminos, que até não era o mais exaltado.

Já se passaram cinco anos desde o dia da reunião e até hoje ninguém mexeu no espaço envolvente... esperam pela Câmara.

11
Sócrates e a gestão

«Meu caro amigo Libório, hoje vamos falar de Sócrates e da gestão», ataquei, mal Libório entrou em minha casa para mais uma das lições. Mirou-me com alguma surpresa, mas nada disse. Sócrates, filósofo grego que viveu em Atenas (496 a.C. – 399 a.C.), foi um dos filósofos do período clássico da Grécia Antiga. Deixou-nos, através dos seus discípulos Platão e Xenófanes, a ironia socrática e o método socrático. Deixou-nos sobretudo uma atitude em relação à ciência sintetizada na sua célebre frase «Só sei que nada sei, e mesmo isso não sei». Esta postura de humildade e aprendizagem contínua é muito importante para os gestores envolvidos em processos de implementação de sistemas de qualidade. A qualidade pretende atacar os desperdícios, reduzindo, dessa forma, os custos operacionais das organizações. A redução dos desperdícios passa muito por uma análise dos processos envolvidos na produção de um bem ou serviço. E quem melhor sabe dos processos que as pessoas neles envolvidas? A procura da melhoria dos processos obriga à constituição de grupos em que se possa discutir de uma forma aberta e incisiva. Os gestores devem dinamizar a constituição destes grupos e participar neles. Se a participação for efetuada utilizando o método socrático, irão obter melhores resultados. Nas discussões dos grupos, os gestores devem assumir uma atitude de alunos e professores – estão ali para ensinar, partilhando o seu conhecimento, mas estão também ali para aprender com os seus trabalhadores. Não sabem tudo, nem poderiam saber. Devem, sobretudo, saber questionar, pois, questionando, encontramos as causas dos problemas que temos. A gestão da qualidade é a gestão de problemas, e para resolvermos os problemas, temos de atacar as suas causas, e pelo questionamento chegamos às causas. Não se trata de questionar por questionar, e a aplicação do método socrático exige treino. Uma coisa é certa: este método não se compadece com o PowerPoint ou folhas Excel.

12
Para o sucesso de uma organização, todos os que nela trabalham têm de remar para o mesmo lado

«Conheces esta frase?», perguntei a Libório. «Estou farto de ler essa treta nos jornais, mas tenho muitas dúvidas. Em tempo de vendaval, se todos remassem para o mesmo lado, morriam todos», foi a resposta que recebi.

«Tens toda a razão em questionar a veracidade da frase», respondi, e comecei a elaborar sobre o assunto. «Lembras-te dos dias de mar de fora?». «Não me lembro eu de outra coisa. Gostei muito do *haiku* do teu amigo Santochi Hashimoto "Mar de fora/Barcos varados nas ruas/Mulheres às paredes", e o mar de fora traz-me boas e más recordações», interrompeu-me Libório.

Também a mim me traz boas e más recordações, mas continuando. No início do mar de fora, muitos pescadores eram apanhados de surpresa. Ou tinham as redes largadas e era preciso ir buscá-las ou estavam no mar a pescar. As mulheres, umas nas paredes, outras na praia, a rezar para que nada acontecesse aos seus e aos outros, pois nos momentos de perigo, a comunidade piscatória entreajudava-se. Quando os barcos vinham para terra e tendo em conta a agitação marítima, os pescadores não remavam todos no mesmo sentido. Era preciso manter o barco direito e, para isso, era (e é) necessário que, enquanto uns remassem, ou outros ciassem. O objetivo era manter o barco direito e na direção da terra, e era a situação que determinava quais os pescadores que remavam e quais os que ciavam. Nesta situação, a agilidade de pensamento é fundamental. Basta analisar o *rafting* para chegarmos à mesma conclusão.

Tendo em consideração que a envolvente em que as organizações se movimentam atualmente é parecida ao mar de fora, remar todos para o mesmo lado é caminhar para o precipício.

13

«Se quiser ir rápido, vá sozinho. Se quiser ir longe, vá em grupo.»

Provérbio africano

O amigo Libório não se cansava de me bombardear com a frase: «Moço, toda a gente fala em grupo, trabalhar em grupo, que duas cabeças pensam melhor que uma e outras coisas do género. Na escola só me falavam em ser melhor que os outros, no mérito e outras coisas que apontavam para a primazia do indivíduo, e agora toda a maralha fala em grupo.»

Felizmente, encontrei este provérbio africano que privilegia o grupo para as grandes distâncias e foi com base nele que falei com Libório, numa tarde não muito quente, à volta de um prato de caracóis na povoação de Vale de Parra.

Meu caro Libório, hoje vou falar sobre a importância do grupo. É certo que a economia centrou a sua teoria no indivíduo, no *homo economicus*, destronando a sociologia que colocava a ênfase no grupo, na sociedade. Como sabes, e caso não saibas, vais chegar à conclusão de que já conhecias os princípios fundamentais do conceito de *homo economicus* «maior ganho com o menor esforço»: 1) a razão psicológica essencial a toda a atividade humana é o interesse pessoal; 2) o Homem não obedece senão à razão; 3) o sujeito é universal, o interesse pessoal e a racionalidade são válidos em todos os lugares e em todas as épocas; 4) o Homem está perfeitamente informado, tem conhecimento da totalidade das consequências de todas as possibilidades das ações que se lhe oferecem; 5) o Homem vive o presente num tempo linear, não se lembra nem tem a capacidade de prever; 6) ele está só e, portanto, livre dos outros homens, ou seja, não existem determinismos que lhe sejam exteriores. Como vês, toda esta ideologia é incutida nas nossas mentes desde a escola primária. Mas como sabes e assististe muitas vezes, se não fosse a entreajuda entre os pescadores nos dias de mau tempo, muitos teriam ficado no mar a ser isco dos peixinhos.

As organizações têm uma função social, isto é, contribuir para o bem-estar da sociedade, tendo de ter uma visão de longo prazo.

14

O meu gato *Romeu* caçou um rato: um estudo de caso?

«Mas que novidade, os gatos sempre caçaram ratos!», resmungou imediatamente o meu amigo Libório.

«Não te esqueças da palavra "caso". Se é um estudo de caso, significa que é único e importante para ser partilhado. O meu gato *Romeu*, que tu bem conheces, anda sempre a larear, como diria a minha avó Benvinda. Pois um dia destes apareceu em casa com um rato. Ralhei com ele, mas parecia que ele queria dizer qualquer coisa. E não é que ele começou a falar?»

«Já arregacei as calças, mas continua, que estou a gostar de ouvir», replicou Libório. «Ouve, que a estória é interessante. O meu gato *Romeu*, que anda sempre a larear, contou-me que ouviu uma conversa entre gatos. Numa reunião a que ele assistiu sem ser notado, o gato mais velho teria chamado a atenção aos restantes para o facto de ele andar sempre alerta e à caça de ratos. Pedia o máximo cuidado, pois parecia-lhe que este gato era bom a caçar. Face a esta informação, um rato novo teria dito que tinha uma ideia para se aperceberem da presença do *Romeu* (é claro que eles não sabiam o nome do gato bom caçador). Questionado a expor a ideia, teria dito: "Quando ele estiver a dormir, vamos colocar-lhe um guizo no pescoço." "Boa ideia", gritaram alguns dos ratos presentes. O mais velho, acostumado a ideias de difícil implementação por causa da falta de meios, questionou "Quem é que vai colocar o guizo?". Todos se calaram, mas o mais velho continuou: "Tu, que tiveste a ideia, vais implementá-la". O desgraçado, muito pressionado, aceitou a tarefa. Foi ele o rato que o meu gato *Romeu* caçou. Por um lado, estava informada, a assimetria de informação, por outro lado, só dormia quando estava em casa. Certo dia, junto da ninhada de ratos, fingiu que estava a dormir.»

15
Obsolescência programada

Estava eu em casa muito descansado quando a campainha tocou de uma forma acelerada. Só podia ser o meu amigo Libório. Sobressaltado, levantei-me da minha secretária e abri a porta. Mal entrou o meu amigo, numa algaraviada que só os algarvios entendem, não se cansava de repetir quer tinha sido enganado.

«Quem te enganou?», perguntei-lhe várias vezes, mas ele não se cansava de repetir que fora enganado. Indiquei-lhe uma cadeira para se sentar e, muito embora fosse antes do almoço, servi-lhe um medronho para ele se acalmar. Após várias repetições de que fora enganado, lá me contou a estória. Tinha comprado um telemóvel e nesse dia lera que a empresa tinha sido condenada, num país de que não se recordava o nome, a pagar uma indemnização por quando da atualização do *software* que nos pedem de uma forma regular, teria introduzido qualquer coisa que ele não sabia explicar para o telemóvel ficar mais lento. «Estás a ver? A minha mulher não se cansa de me dizer que sempre que o telemóvel nos pede para atualizar devemos permitir e agora uma coisa destas. Tu, que tens a mania que consegues explicar estas questões do dia a dia, explica-me lá.», proferiu com o seu ar de zangadinho.

«Meu caro amigo, o que aconteceu é muito fácil de explicar», e fui logo interrompido «Não me chames estúpido».

«Tem calma e tenta ouvir-me. Como te tenho transmitido nas conversas que temos tido, o consumismo é um pilar do capitalismo. Porque é que as autoridades se preocupam tanto com a diminuição da população? Sem população não há consumidores. O intuito dessa empresa é tornar os seus produtos obsoletos o mais rápido possível. Já reparaste que muitas pessoas mudam de telemóvel por influência dos amigos? Aparece um novo modelo que é apresentado com pompa e circunstância e é dito que esse modelo tem muitas mais funções. E os pobres dos consumidores, muitas vezes sem nunca terem utilizado as funções dos telemóveis que têm, são levados a comprar o novo modelo, mais pelo efeito de imitação do que por convicção. Daquilo que me contas, essa empresa, desconfiando do efeito de imitação que o aparecimento de um novo modelo arrasta, introduz, quando da atualização do *software*, mecanismos que tornam os telemóveis mais lentos. Como temos discutido, vivemos numa sociedade líquida, em que tudo nos escapa por entre os dedos, em que o futuro é ontem, mas ao mesmo tempo odiamos a morte porque temos saudades de um futuro que antecipamos que não iremos viver.

Todos enchem a boca e os nossos ouvidos com a palavra "sustentabilidade", que os recursos são escassos e que devemos utilizar os recursos disponíveis de uma forma eficiente, isto é, sem desperdícios, mas todos aceitamos os métodos utilizados pelas empresas para artificialmente tornarem os seus produtos obsoletos. Vieram à memória duas estórias que ilustram, a meu ver, esta criação de necessidades artificiais. Uma delas li num autor suíço de que não me recordo do nome. Sim, sei que deveria procurar o nome do autor, mas foi há tanto tempo, que perderia imenso tempo. Um vendedor, não me perguntes de quê, porque o autor não referia, era considerado pelos seus colegas o melhor vendedor, isto é, por todos menos por um. Esse um, certo dia, disse-lhe que só o considerava o melhor vendedor se ele fosse capaz de vender máscaras antigás às renas do Polo Norte. O vendedor aceitou o desafio e lá foi a caminho do Polo Norte. Chegado ao destino, perguntou a duas renas que por ali passavam se queriam comprar máscaras antigás. É evidente que tudo isto se passa nos tempos em que os animais falavam. As renas, um pouco surpreendidas, embora fossem poliglotas, por serem interpeladas em alemão, questionaram em alemão (uma língua que conheciam, mas que estava um pouco enferrujada pelo pouco uso) para que serviam as máscaras antigás. "Para proteger da poluição", respondeu o vendedor, que era considerado o melhor vendedor pelos seus colegas, menos por um. Foi uma galhofa, as renas não paravam de rir. "Máscaras antigás, aqui no Polo Norte, onde não existe poluição?" E recusaram muito diplomaticamente. O nosso vendedor não desistiu, queria provar que era o melhor vendedor e, pouco tempo depois, iniciou a construção de uma fábrica. Com a organização alemã que todos nós conhecemos, passados poucos meses, a fábrica começou a laborar e era poluição que nunca mais acabava. Uns meses depois da entrada em funcionamento da fábrica, a poluição era tanta, que uma das renas foi procurar o vendedor e perguntou-lhe se ele ainda tinha máscaras para vender, ao que este respondeu que sim. "Quero comprar duas máscaras, uma para mim e outra para a minha amiga", pediu a rena. O vendedor vendeu-lhe as máscaras e recebeu o pagamento. "Já agora, o que produzes aqui?", perguntou-lhe a rena. "Máscaras antigás", respondeu o vendedor, que, a partir daí, passou a ser reconhecido por todos os colegas como o melhor vendedor. O vendedor não olhou aos meios para conseguir o seu objetivo.

Neste caso, a empresa, tal como a companhia telefónica, criou a necessidade.

A outra estória passou-se comigo quando de uma viagem de Toronto para Lisboa. A temperatura no avião era tão baixa, tão baixa, que quase todos os passageiros pediram mantas para se agasalharem. Só que a companhia não providenciava mantas, vendia as mantas (uns quantos passageiros adquiriram mantas para satisfazer uma necessidade criada pela empresa).»

16

Vai andando, que eu estou chegando. Para onde?

Quando jovem, passava dias e dias na praia, ouvindo e ajudando, no que podia (poucos eram os meus préstimos), os pescadores do meu clã. A frase «Vai andando, que estou chegando» ouvi-a muitas vezes. Muitos anos mais tarde, quando buscava frases potencialmente relacionadas com a gestão das organizações que me facilitassem a árdua, mas gratificante, tarefa de transmitir ensinamentos da coisa da gestão ao meu querido amigo Libório, esta frase várias vezes me assaltou, até que a resolvi agarrar.

Ainda hoje me lembro da conversa que nessa tarde soalheira, bebendo e petiscando carapaus alimados, na casa de Libório, elaboramos sobre a «importância do vai andando, que estou chegando para a criação de uma visão holística do ensino da gestão». Era deste modo que o meu amigo Libório interpretava as nossas conversas.

«Lembras-te do meu tio Chico Espanhol e da frase "Vai andando, que eu estou chegando" que ele utilizava para marcar encontro com o seu amigo Lídio na taberna do tio Chico Serol?», comecei eu por lhe perguntar. «Não me lembro nem me quero lembrar. Agora só quero comer estes carapauzinhos», respondeu Libório.

A resposta encanitou-me um bocado e respondi: «Queres ou não queres continuar com as nossas conversas, para construirmos uma visão holística do ensino da gestão, como tu muitas vezes afirmas?».

«Desculpa lá. Estava só a encanitar-te. Vamos lá a isso», respondeu Libório.

Dada a sua concordância, iniciei a minha elaboração.

«Como podes ver, a frase "Vai andando, que estou chegando" tem implícito um destino que era do conhecimento de ambos, isto é, do tio Chico Espanhol e do tio Lídio. Esse destino, embora não dito, era a taberna do tio Chico Serol, onde todos os dias ao fim da tarde se encontravam para conviver e beber um copo. Caso o destino/objetivo não fosse previamente discutido e acordado (gestão participativa) por ambos, o tio Lídio corria o risco de andar, andar, talvez até Alcantarilha, sem vislumbrar o seu amigo. Lá se ia a convivência e o copo de vinho, que era sempre acompanhado por um petisco. Talvez nesse dia estivesse destinado a manducar um peixe-voador seco.

Meu caro Libório, nas organizações temos a mesma situação. Os seus objetivos devem ser discutidos com quem os vai tentar atingir, isto é, a gestão participativa é crucial ao sucesso das organizações. Mas para que a participação seja qualificada, é importante que a organização crie as condições propícias ao envolvimento dos trabalhadores e lhes forneça formação e educação. Se todos tiverem conhecimento dos objetivos e das dificuldades em os atingir, o risco de um dos trabalhadores ir para Pera, outro para Alcantarilha e um outro para Porches diminui. A gestão participativa é mais demorada, pois exige o envolvimento de muitos e nem sempre os «muitos» querem participar. Uma das críticas que se faz à gestão japonesa é o levarem muito tempo a tomar decisões, pois a gestão japonesa prima pelo envolvimento dos quadros e dos trabalhadores no processo de tomada de decisão. Mas se tivermos presente que no processo de tomada de decisão existem duas fases, uma a tomada de decisão propriamente dita e outra a implementação da decisão, pois não vale a pena tomar decisões para não as implementar. A gestão japonesa é "lenta" na tomada de decisão quando comparada com a gestão ocidental, mas é muito mais rápida qua a gestão ocidental na implementação da decisão. Muitas vezes, se considerarmos as duas fases, a gestão japonesa é mais rápida que a ocidental. É certamente mais eficiente e eficaz.

Lembras-te de uma estória que o meu tio Chico Espanhol contava sobre um indivíduo (ele mencionava-o pelo nome, mas não me recordo) que utilizava o sentido desta frase? Segundo ele, esse indivíduo chegava à tasca do Chico do Portão sozinho e pedia dois *penalties*, um para ele e o outro seria, em princípio, para o amigo que haveria de chegar. Bebia o seu copo (*penalty*) e ia de vez em quando à porta e dizia em voz alta "Então, não vens? Olha se não vens eu bebo". Ia duas a três vezes à porta, que o amigo não ia chegando e ele bebia os dois copos. Neste caso, não havia amigo, mas poderia sempre dizer que tinha combinado com o amigo não "Vai andando, que eu vou chegando", mas sim "Vou andando, que tu vais chegando", só que o outro fora para Alcantarilha e a tasca do Chico do Portão e da Barbinha ficava logo ali ao sair da praia, numa daquelas ruas que se dirigem para o mar.»

17
Que coisa é essa do encaminhamento?

Numa das sessões que tive com o meu amigo Libório, ele estava muito confuso com o significado da palavra encaminhamento.

Não se cansava de afirmar «Desculpa lá, mas sempre que vou a uma repartição pública para recolher informações sobre um assunto que tenho pendente a resposta que obtenho é que foi encaminhada para quem de direito para tomar a decisão. Mas que mecha é esta?».

Perante este aborrecimento, lembrei-me de um caso que testemunhei nos idos anos 90 do século passado em terras do Oriente. Lecionava um curso de gestão da qualidade num programa de mestrado e um dos alunos entusiasmou-se com a matéria e resolveu certificar o departamento de que era responsável com a ISO. O aluno trabalhava numa empresa bem conhecida gerida por gestores portugueses, embora a maioria de capital pertencesse a uma empresa francesa. Com o seu entusiasmo, fez um pedido ao diretor da estrutura a que reportava a pedir licença para iniciar o processo de certificação, elaborando sobre os benefícios de tal ação. Face ao pedido, o diretor escreveu o seguinte «À consideração superior». O superior que recebeu escreveu precisamente «À consideração superior». De "à consideração superior" "à consideração superior", o pedido chegou ao conselho de administração e às mãos do gestor francês. Este considerou o pedido interessante e útil à empresa, pois desde há muito que pensava introduzir as questões da qualidade na empresa e tinha nas mãos a oportunidade, tendo escrito «Uma boa iniciativa que deve ser apoiada». Como sabem, tudo o que sobe desce, e o pedido desceu os degraus que tinha subido, e todos os que tinham escrito «À consideração superior» escreveram «Uma boa iniciativa que deve ser apoiada».

«O que se passa nas organizações para terem esse comportamento?», questionou Libório. «Medo de assumir responsabilidade», foi a minha resposta, «e o mesmo se passa nos casos que relatas sobre a função pública. O encaminhamento transmite a ilusão de que trabalham em rede, a decisão não é tomada por uma só pessoa, mas como não existe um responsável pelo processo, passa-se o mesmo que acontecia quando as miúdas da nossa terra jogavam ao lencinho da botica, onde lá vai, lá fica.» «Lembras-te?», perguntei-lhe. «Se me lembro... jogava muitas vezes com elas», respondeu Libório.

A estória do encaminhamento tem que ver com um aliviar de responsabilidade, o passar a culpa de um para outro e, como não existe um responsável pelo processo, não sabemos a quem pedir responsabilidade.

18
«Se tiver um só instrumento, e se esse instrumento for um martelo, tudo me parece um prego.»

Provérbio

O meu amigo Libório, mais uma vez, apareceu na minha casa como quem se dirige à casa de banho, isto é, entrou a correr e saiu com pressa. Neste dia preocupava-o este provérbio. Mal entrou na minha casa, disparou: «Tu, que andas pela China, diz-me lá qual o significado deste provérbio chinês». «Conheço o provérbio, mas a origem é atribuída a vários países. De qualquer modo, o significado não é difícil de explicar.» «Lá estás tu a chamar-me estúpido. Eu sou um analfabeto dessas coisas da gestão, e como o teu avô Manuel Vieira dizia, ensina-se, mas não se repreende um analfabeto, portanto, ensina-me», interrompeu-me.

«Lá estás tu zangadinho. Como sabes, eu estou a ensinar-te e a aprender contigo. O provérbio aplica-se muito às coisas da gestão. Como temos falado na gestão de uma organização, se quisermos melhorar algo, precisamos de identificar o problema. Diria que tudo começa com o problema. O problema mais não é do que uma diferença entre a situação real e a situação ideal. Identificado o problema, há que analisá-lo, identificar a suas causas e tentar resolvê-lo, isto é, preencher a diferença entre a situação real e a ideal. Mas há sempre espaço para melhorar, pois uma vez atingida a situação ideal, podemos sempre visualizar uma outra situação ideal. É um processo de melhoria constante.

Para analisar as causas do problema, precisamos de modelos, mas os modelos de análise devem ser escolhidos de acordo com o problema, e não aplicarmos o mesmo modelo de análise a todos os problemas. É o problema que exige o modelo. O que acontece é que a maioria das pessoas domina bem um modelo e tenta aplicar esse modelo a todos os problemas; é como se tivessem um só instrumento, o martelo, e tudo lhes parece um prego. Logo, há que martelar os dados para que possam justificar a utilização do martelo. É importante que conheçamos vários modelos; podemos não os dominar, mas sabemos da sua existência e escolher o modelo de análise de acordo com o problema.»

19
Nómadas ancorados

Quem viaja e gosta de passar horas nos aeroportos observando o que o rodeia certamente já pensou sobre o que fazem todas aquelas pessoas sentadas, umas agarradas ao telemóvel, outras agarradas ao computador. «Agarradas» é o termo. Umas estão agarradas à cafeína, outras à nicotina e outras aos terminais dos sistemas a que têm acesso.

Espanta-me a azáfama com que as pessoas mal se levantam dos seus lugares, de uma curta viagem entre duas cidades europeias, ligam os seus telemóveis. Curiosamente, poucos minutos após este gesto automático, estão a receber chamadas. De que assuntos falarão? Serão esses assuntos tão importantes que não podem aguardar que as pessoas saiam do avião? Quererão as pessoas pura e simplesmente mostrar o quão importantes são, que, mal o avião pousou, os assuntos vieram ter com elas para serem resolvidos?

Vivemos num tempo em que tudo é urgente. Todos os problemas necessitam de ser resolvidos agora e já. Corremos atrás do tempo sem questionarmos. As tecnologias de informação, ao mesmo tempo que encurtaram a variável tempo, tão querida dos economistas, estenderam a variável espaço. Hoje, com a Internet e os telefones móveis, estamos disponíveis 24 horas por dia, 365 dias por ano, em qualquer parte do mundo. Tal como alguns restaurantes, como arma publicitária, fazem questão de colocar placas onde se pode ler «24 horas sobre 24 horas, 365 dias ao ano», muito em breve, muitos executivos colocarão nos seus cartões de apresentação dizeres semelhantes. Todo o tempo passa a pertencer ao empregador. O trabalhador fica sem tempo para si, tempo para se instruir, tempo para se desenvolver, o que não deixa de ser um paradoxo.

No mundo complexo em que vivemos, as organizações necessitam cada vez mais de trabalhadores qualificados, mas simultaneamente roubam o tempo que estes necessitam para se desenvolver. Ao praticarem o que podemos designar por estratégia do *Kleenex*, isto é, utilizam os trabalhadores por um período mais ou menos curto, deitando depois fora, as organizações propiciam o aparecimento dos «ignatos» (ignorantes atrevidos). O «ignato» é todo aquele que sobre todos os assuntos tem uma opinião, muito embora nunca tenha se debruçado sobre nenhum. O «ignato» é uma verdadeira instituição portuguesa. São os «ignatos» que dão colorido aos nossos dias. Aparecem na televisão, nos jornais, em tudo o que dá visibilidade, e é um prazer vê-los falar de assuntos que vão desde a ameaça nuclear do Irão, passando pela influência das eleições presidenciais americanas na cotação do euro e acabando por falar sobre o plantel do Benfica.

A sobrevivência das organizações passa pelo combate a este tipo de conhecimento, um conhecimento superficial sobre muitos aspectos sem aprofundar nenhum. As organizações necessitam de pessoas que saibam dos assuntos com que estão a lidar e, para isso, precisam de tempo – tempo para pensar.

Nos tempos que correm, as pessoas anseiam por matar o tempo. Vivem o instante e se um instante não estiver ocupado entram em *stress*. A azáfama que se observa nos aeroportos internacionais está ligada a esta necessidade de matar o tempo, e matar o tempo é estar ligado a qualquer coisa (ao emprego, ao jornal preferido, à pessoa com quem vivemos...). Somos cada vez mais nómadas dependentes de âncoras, as âncoras que arreamos e suspendemos constantemente. Somos nómadas ancorados, procurando nas âncoras alguma segurança.

«Qual é a minha âncora?», perguntou Libório. «Só tu sabes responder a tão pertinente questão.»

20
Libório virou gabiru da gestão

Confesso que, acabadas as sessões de esclarecimento sobre tópicos de gestão propostos pelo meu querido amigo Libório, o perdi de vista. Assim como aparecera, desaparecera.

Conhecedor do seu desejo de desaparecer da circulação de tempos em tempos, não me preocupei com o que lhe teria acontecido. Até que um dia, quando entrava na estação de metro dos Restauradores e me entregaram um pequeno papel publicitando consultas por um novo gabiru da gestão, não queria acreditar no que estava a ler. A princípio, pensei que se tratasse de um daqueles gurus africanos que prometem curar todo o tipo de males. Mas não! Lá estava o seu nome («Libório») e lá estava «Gabiru», e não Guru, e lá estava também a sua fotografia. Não havia dúvidas: o meu amigo era, segundo aquele anúncio, distribuído às centenas nas estações de metro de Lisboa (e sabe-se lá mais por onde), o primeiro e o grande gabiru da gestão portuguesa.

O panfleto dizia o seguinte:

Professor Doutor Doutor Libório

O primeiro gabiru da gestão portuguesa

Especialista em todos os tipos de problemas de gestão das organizações, com ou sem fins lucrativos. Dotado de um dom hereditário. Ele resolve todos os problemas das organizações, mesmo os mais desesperados: produtividade, absentismo, *stress* financeiro, cobrança de dívidas de longa duração, fidelidade dos empregados, fidelidade dos clientes, fidelidade dos fornecedores, traição dos clientes e dos fornecedores, lançamento de novos produtos, relançamento de velhos produtos, logística, negociação e todos os mais problemas comuns às organizações, especialmente os intangíveis. Dentro dos intangíveis, destacamos os problemas de amor não correspondidos entre o gestor e a sua secretária. O Professor Doutor Doutor Libório acaba de regressar de um doutoramento e pós-doutoramento no Burkina Faso, onde se especializou em assuntos referentes à Responsabilidade Social das Empresas. Burkina Faso, o país dos homens honestos, desenvolve desde há muito técnicas inovadoras respeitantes à ligação entre as empresas e os seus principais *stakeholders*.

Se quiser uma vida nova para a sua organização e pôr fim a todos os problemas que a afetam, contacte o Professor Doutor Doutor Libório. Ele tratará do seu problema com rapidez, honestidade, qualidade e eficácia.

Consultas das 8h00 às 22h00, de segunda a domingo, pessoalmente ou por carta. Pagamento depois dos resultados obtidos.

Telefone ------

Não consegui parar uma enorme gargalhada. Os companheiros do metro olharam-me com um olhar repreensivo, obrigando-me a baixar a cabeça e continuar a rir para dentro. Esperava tudo do meu querido amigo, menos que se alvorasse em gabiru da gestão portuguesa. Tivemos dezanove sessões sobre assuntos de gestão que o preocupavam e agora ele denominava-se o grande gabiru. Não podemos estranhar, pois vivemos numa sociedade em que imperam o curto prazo e as relações-públicas. Libório não contratara uma agência de comunicação, ele comunicava-se.

Devo confessar que ele aprendera bem as lições, pois o anúncio está bem feito. Não sei se aprendeu comigo ou no Burkina Faso, onde, segundo ele, fizera o doutoramento e o pós-doutoramento. De qualquer modo, se analisarmos o conteúdo, podemos ver que ele se preocupa com os recursos. O seu dom é hereditário, ora, não passível de transferência de uma pessoa para outra, a não ser para o filho (mas não lhe conheço nenhum, o que é de lastimar, pois agora que o nosso país tinha encontrado o seu gabiru da gestão, ele não pode transmitir o seu dom). É um dom que é raro, não transmissível, logo, tem as condições reunidas para criar uma vantagem competitiva sustentada.

Preocupa-se também em transmitir uma imagem de responsável perante a sociedade. Não é por acaso, penso eu, que ele se refere, por duas vezes, ao país dos homens honestos. Neste país, segundo ele, completou o seu doutoramento e pós-doutoramento em Responsabilidade Social. A responsabilidade social pretende que as organizações estabeleçam uma relação de qualidade com todos os seus *stakeholders*, em especial com a sociedade. Que país melhor para aprofundar tais conhecimentos que o país dos homens honestos? Não satisfeito com esse atributo (estudou no país onde se pratica a honestidade), enuncia no seu panfleto alguns dos valores que guiam a sua atividade, a saber: rapidez, honestidade, qualidade e eficácia. Tendo presente que se doutorou e pós-doutorou no país dos homens honestos, não haveria necessidade de repetir a honestidade como um valor que guia a sua ação. Mas não, o amigo Libório faz questão de reforçar este valor no seu panfleto, o que mostra que a honestidade não é um valor sem sentido para ele. Não é uma coisa que se coloca no papel, só para português ver (o panfleto está escrito em português). Chamo a atenção para o grau de sofisticação com que o amigo Libório trabalha: ele não só tem como valor a rapidez, como tem a qualidade. Combinar rapidez com qualidade não é tarefa fácil, muitos tentaram, mas poucos conseguiram. Libório foi capaz, caso contrário, não diria que o pagamento só se realiza após resultados.

Num momento em que tanto se fala na desmotivação que afeta a maioria da população portuguesa, levando muitos a questionar se não seria conveniente uma integração na vizinha Espanha, o nosso amigo Libório mostra a sua autoconfiança, acreditando tanto nas suas capacidades que só aceita pagamento caso os clientes tenham obtido resultados. Eis um exemplo a seguir. Alguns leitores dirão: mas o tipo especializou-se em intangíveis, o que torna difícil de medir os resultados alcançados. E têm toda a razão. Mas o facto de se especializar em assuntos de difícil medição só joga a seu favor, pois muito embora tenha consciência de que os resultados das suas consultas sejam difíceis de quantificar, ele como que aposta todo o seu prestígio e rendimentos na qualidade do seu trabalho.

A questão da medição tem muito que se lhe diga. Para Deming, gerir é prever. Nos tempos que correm, a previsão é cada vez mais difícil, logo, não podemos aceitar as previsões como certezas. Se não posso prever, não posso estabelecer medidas de controlo, e o gestor fica nervoso, pois foi ensinado essencialmente para controlar.

Chamo a atenção para a polivalência do Professor Doutor Doutor Libório. Ele trata todos (ou quase todos) os possíveis problemas que afetam o normal funcionamento de uma organização. Poderão argumentar que esta polivalência pode levar à simplificação e à não focagem do seu negócio. Talvez sim. Mas não nos podemos esquecer de que Libório fez não só o doutoramento como o pós-doutoramento no Burkina Faso, estando cheio de vontade de partilhar o seu conhecimento com todos os seus compatriotas – assim estes confiem nele!

Dirão: mas como em tão pouco tempo Libório se transformou num gabiru? Respondo: e quantos Libórios não andam por aí? Basta estarmos atentos e somarmos.

BIBLIOGRAFIA

Bob de Wit e Ron Meyer (2005). *Resolving Strategic Paradoxes to Create Competitive Advantage*. Thomson.

Freeman, R. E. (1984), *Strategic Management: a Stakeholder Approach*. Boston: Pitman.

Hoffer, Charles W. e Dan Chandler (1978), *Strategy Formulation: Analytical Concepts*. West Publishing Company.

Jensen, M. C. e Meckling, W. H. (1976). «Theory of the Firm: Managerial Behaviour, Agency Costs, and Ownership Structure». *Journal of Financial Economics*, 3: p. 305–360.

ÍNDICE

PREFÁCIO 9

INTRODUÇÃO 11

1. Estratégia e estratégias 15
2. O velho, o rapaz e o burro e a gestão das organizações 23
3. A lebre e a tartaruga 27
4. O Gato das Botas e a teoria baseada nos recursos 35
5. As novas vestes do imperador e a gestão das empresas 45
6. Os tomates e a responsabilidade social das organizações 55
7. Vai entrando, vai pedindo, vai pagando, vai saindo 63
8. Porque questionamos os pescadores sobre o montante da sua pesca e não questionamos os donos dos restaurantes sobre os seus rendimentos? 67
9. Os mercados 71
10. Eu pago os meus impostos 75
11. Sócrates e a gestão 79
12. Para o sucesso de uma organização, todos os que nela trabalham têm de remar para o mesmo lado 81
13. «Se quiser ir rápido, vá sozinho. Se quiser ir longe, vá em grupo.» — Provérbio africano 83
14. O meu gato *Romeu* caçou um rato: um estudo de caso? 85
15. Obsolescência programada 87
16. Vai andando, que eu estou chegando. Para onde? 91
17. Que coisa é essa do encaminhamento? 95

18. «Se tiver um só instrumento, e esse instrumento for um martelo, tudo me parece um prego.» — Provérbio 97
19. Nómadas ancorados 99
20. Libório virou gabiru da gestão 103

BIBLIOGRAFIA 109